人性的优点

[美] 戴尔·卡耐基__著　　巫和雄 郑思洁__译

天津出版传媒集团
百花文艺出版社 天津人民出版社

图书在版编目（CIP）数据

人性的优点 /（美）戴尔· 卡耐基著；巫和雄，郑思洁译 . -- 天津：百花文艺出版社，2018.8

ISBN 978-7-5306-7541-0

Ⅰ . ①人… Ⅱ . ①戴… ②巫… ③郑… Ⅲ . ①成功心理—通俗读物 Ⅳ . ① B848.4-49

中国版本图书馆 CIP数据核字（2018）第 177790号

责任编辑：赵世鑫　　　　**装帧设计：**力珲

出版人：张纪欣
出版发行：百花文艺出版社
地址：天津市和平区西康路 35号　**邮编：**300051
电话传真：+86-22-23332651（发行部）
+86-22-23332656（总编室）
+86-22-23332478（邮购部）
主页：htpp://www.baihuawenyi.com
印刷：北京联兴盛业印刷股份有限公司
开本：880 × 1230毫米　1/32
字数：200千字
印张：12
版次：2018年 8月第 1 版
印次：2018年 8月第 1 次印刷
定价：39.80元

如有印装质量问题，请与北京联兴盛业印刷股份有限公司联系调换
地址：北京市大兴区生物医药基地春林大街 16号
电话：18600830386
邮编：102629

本书将从十六个方面为你提供帮助

1. 为你提供若干实用的、经过检验的准则，以解决焦虑困境。

2. 教你怎样即刻消除工作中50%的焦虑。

3. 提供7种方法帮你调整心态，给你带来平和、快乐。

4. 教你如何减少经济方面的困扰。

5. 阐明一条让你的大部分烦恼烟消云散的法则。

6. 教你如何善加利用别人的批评。

7. 向你展示家庭妇女避免疲劳、永葆青春之道。

8. 提供四种帮助防止疲劳和焦虑的工作习惯。

9. 告诉你如何每天增加一小时，延长工作寿命。

10. 教你如何避免情绪烦躁。

11. 告诉你几十个日常男女的故事，他们会亲口告诉你如何停止焦虑、直面人生。

12. 教给你艾尔弗雷德·阿德勒的处方，在14天内治愈忧郁症。

13. 教给你让世界知名的医生威廉·奥斯勒爵士消除焦虑的21个字。

14. 阐述空调业奠基者威利斯·哈·开利战胜焦虑的神奇三部曲。

15. 教你如何使用威廉·詹姆斯所谓的“治疗焦虑的至善方法”。

16. 为你详细讲述许多著名人物征服焦虑的方法，如《纽约时报》发行人亚瑟·海斯·苏兹伯格、哥伦比亚大学哥伦比亚学院前院长赫伯特·埃·霍克斯、纽约高等教育理事会主席奥德韦·蒂德、杰克·登普西、康尼·麦克、罗杰·沃·巴布森、海军少将伯德、亨利·福特、吉恩·奥特里、詹姆斯·卡什·潘尼和约翰·戴·洛克菲勒。

序　言

本书创作过程和缘由

1909年，我还是纽约最郁闷的毛头小伙之一。当时的我以销售卡车为生。我不懂卡车行驶的原理，不仅如此，我根本就不想搞懂。我讨厌自己的工作。我讨厌住在第56大街西区一间装修简陋的房间里——这间房子里到处都是蟑螂。我仍然记得，我有几条领带，就挂在那间屋子的墙上。如果哪天早晨我伸手去拿一条新领带，这些蟑螂就会四散逃去。我讨厌在廉价、肮脏的餐馆吃饭，那儿或许也是蟑螂遍地。

每天晚上，我都会带着偏头痛回到孤零零的房间，这头痛是失望、焦虑、痛苦和嫌恶等情绪引起的。我之所以嫌恶，是因为大学时代的梦想已经变成了梦魇。这就是人生吗？这就是我热切向往的、至关重要的人生经历？干着讨厌的工作，终日与蟑螂为伍，吃着令人作呕的食物，对未来失去希望，难道这就是人生的全部意义？我渴望有闲暇去阅读，去写几本书——这曾是我大学时代的梦想。

我知道，放弃这份令我讨厌的工作有百利而无一弊。我不求大富大贵，只希望能让生活丰富多彩。简而言之，我到了破釜沉舟的时刻，到了大多数年轻人开始创业做出决断的时刻。所以我做出了一个彻底改变我一生的决定。这个决定让我在过去的35年里尽享快乐，得到的回报远远超出了我的预期。

我的决定是：放弃这份讨厌的工作，并且以在夜校教授成人培训班为生——因为我在密苏里州沃伦斯堡州立师范学院学习过4年教育学。这样，我就可以利用白天的空闲读读书，准备讲稿，写写小说和短篇故事。我希望“为创作而生活，为生活而创作”。

我该在夜校里给这些成年人教些什么课目呢？我回顾并分析了自己在大学里接受的训练，发现对工作和生活最有实用价值的就是公众演讲方面的训练和经验，它比我在大学期间学过的所有其他课程加起来都更有价值。为什么呢？因为正是这些经验荡涤了我的怯懦，增强了我的自信，让我有勇气和信心与人相处。这些经验也表明，通常那些勇于阐述自己想法的人才是有领导能力的。

我向哥伦比亚大学和纽约大学申请在他们的晚间延长班教授公众演讲课程的职位，但是这两所大学认为，没有我的帮助也能开展工作。

那时的我失望之极——但现在想来，还真该感谢上帝，因为他们拒绝了我，才让我得以到基督教青年会的夜校授课，那儿是一个需要教学效果实实在在立竿见影的地方。这是多么巨大的挑战啊！这些成人学员可不是为了获取大学学分或者提高社会威望才来听课的。他们来此只有一个原因：他们想解决自己的问题。他们希望在商务会议上能站直腰板说上几句，而不会因为恐惧而晕倒。销售员们希望无须在大街上绕上三圈才能鼓起勇气去见难缠的客户。他们希望提升自信，希望在职场获得成功，他们希望为家里多赚点儿钱。这些学员的学费都是以分期付款的方式支付的，一旦觉得学习没有收获，他们可以立刻停止付款。我领的也不是薪水，而是一部分分红，所以，为了糊口，我必须使我的课程具有实效。

当时，我觉得自己是在巨大压力之下进行教学，但是现在我认识到，那是一种宝贵的训练。我必须调动学员，帮助他们解决问题，必须让他们感到每次课程都有收获，这样才能吸引他们继续来上课。

这是一份令人兴奋的工作，我热爱它。我惊奇地看到，这些职业人士迅速地建立起自信，很快得到了晋升和加薪。这些班级取得了成功，远远超乎我最乐观的期望。起初，基督教青年会连每晚5美元的工资都拒绝支付给我，可三期培训班之后，他们居然付给我每晚30美元的分红。开始，我只教授公众演讲课程，但是过了几年，我发现这些人也需要有赢得友谊、影响他人的能力。因为当时找不到一本合适的关于人际关系的书，我就自己动手写了一本。这本书是以不同寻常的方式写成的，它是在这些培训班学员的经验基础上逐步凝练而成的，我把那本书命名为《人性的弱点——怎样赢得友谊、影响他人》。

这本书只是为我自己的成人培训班编写的教材，而且我写的其他四本书也一直不为人知，因此我做梦也没想到它能成为畅销书，或许我是健在的畅销书作家里最感到意外的一个了。

随着时间的推移，我发现这些成人学员另一个最大的问题是“焦虑”。我的学生当中大部分是职场人士，有经理、营销人员、工程师、会计，几乎遍布各行各业，而他们当中的大部分人都存在焦虑的问题！我的班上也有女学员，有白领女性，也有家庭主妇，她们同样存在这样的问题！很明显，我需要一本关于如何征服焦虑的教材，所以我再次尝试寻找一本这样的书。我去了位于第5大道和第42大街的纽约最大的公共图书馆，令人惊讶的是，以“焦虑”为书名的只有22本。同时我也注意到一个有趣的现象，以“蠕虫”为书名的却多达189本，其数量几乎是前者的9倍！感到吃惊了吧？既然焦虑是人类面临的最大问题之一，你可能会理所当然地认为每一所高中和大学都应该有一门关于“如何克服焦虑”的课程吧？可是，即便某所大学开设了这方面的课程，我也从来没有听说过。难怪《如何成功克服焦虑》的作者大卫·西伯里在书中写道：“我们在成长过程中太缺乏经验上的准备，等到面对压力时，就会像一个书呆子被叫去跳芭蕾舞那样，笨手笨脚，不知所措了。”

结果如何呢？医院里过半的床位都被患有精神和情感方面疾病的患者占据着。

我仔细查阅了闲置在纽约公共图书馆书架上那22本有关焦虑的书，还购买了所有我能找到的关于焦虑的书籍。然而，我还是找不到哪怕一本适合用做成人培训教材的书。所以我决定自己动手写一本。

7年前，我开始为写这本书做准备。怎么准备呢？我阅读了历代哲人有关焦虑的论述，还读了数百本名人传记，从孔子到丘吉尔，无所不包。我还采访过各行各业中的杰出人物，比如杰克·登普西、奥马尔·布拉德利将军、马克·克拉克将军、亨利·福特、埃莉诺·罗斯福和多萝西·迪克斯。但这只是个开始。

我还做了一件比采访和阅读重要得多的事情，在一所研究如何战胜焦虑的实验室工作了5年，这个实验室就建立在我的成人教育班上。

据我所知，这是世上第一所也是唯一一所此类实验室。我们的做法是这样的：首先教给学员一套如何克服焦虑的准则，让他们将这些准则应用于自己的实际生活当中，然后回到班上汇报所获得的结果。也有一些学员汇报的是以前运用过的一些技巧。

正因为有了这么多的经验，我敢肯定我是世上听过有关“如何战胜焦虑”演讲最多的人。此外，我还阅读了数百篇世界各地有关“战胜焦虑”的演讲稿，这些是别人邮寄给我的。我们在世界各地都举办有成人教育培训班，这些演讲稿正是在这些班级上获过奖的。所以这本书并非出自象牙塔，也不是学院派关于“如何战胜焦虑”的说教之词。相反，我要写作的是一部紧凑、简明、纪实性的报告，讲述成千上万成年人战胜焦虑的经验。有一点是肯定的：本书绝对实用，这一点你可以完全放心。

我很高兴地告诉大家，这本书中绝对找不到关于“张三”或“李四”这种虚构人物的故事，那样就没人能确认他们的身份了。除了极少数的情况，本书都使用了真实姓名和真实地址。我可以保证，此书中所使用的例子都是真实的、有据可查的。

法国哲学家瓦雷里说过：“科学就是成功秘诀的汇总。”这本书收集的就是经得起时间考验，成功克服焦虑的案例。不过，我得提醒你：你在本书中找不到什么新鲜玩意儿，大都是你原本就知道的，只是没有去实际应用而已。其实，你我都不需要什么新观念，我们已知的方法就足以让我们享受完美的人生。我们都读过耶稣的金箴和登山宝训，我们的问题不在于无知，而在于无为。本书的目的是重新阐述、说明、优化一些古老的基本道理，并将它们发扬光大，从而督促你采取行动，应用他们。

你拿起这本书不会是为了了解它的创作过程，你是为了付诸行动。好，那就让我们行动吧！请先看看本书第一、第二部分，如果读完后仍然不觉得有什么克服焦虑、享受人生的新动力和新启发，那么就把这本书扔了吧，它对你没用。

戴尔·卡耐基

目　录

第一章　认识焦虑

1 生活在“完全独立的今天”

1871年的春天，一个年轻人随手拿起一本书，读到了足以影响他一生的21个字。他是蒙特利尔综合医院的一个医科学生，当时的他忧心忡忡：如何通过期末考试？毕业后该做些什么？该去何处？怎样开创自己的事业？怎样才能谋生？

这个年轻的医科学生在1871年读到的21个字使他成为当时最负盛名的医生。他创建了享誉世界的约翰·霍普金斯医学院，并成为牛津大学医学院的钦定讲座教授——这是大英帝国内医务工作者所能获得的最高荣誉。他还被英国国王赐予爵位。在他去世后，人们用长达1466页的两大卷书来讲述他的人生经历。

他就是威廉·奥斯勒爵士。下面就是他在1871年春天读到的21个字，这使他轻松度过一生的二十一个字出自托马斯·卡莱尔之口：“吾等要务非着眼缥缈之远方，而应着手实在之近处。”

42年后，在一个和煦春日的夜晚，威廉·奥斯勒爵士在耶鲁大学开满郁金花的校园里发表了演讲。他对耶鲁的学生们说，像他这样曾在四所大学任职教授并创作了一本畅销书的人，似乎应该有着“非凡的头脑”，但事实并非如此。他说，他的亲朋好友都知道他只是个“智力平平”的人。

那么，他的成功秘诀是什么？他认为，原因就在于他生活在“完全独立的今天”。他这么说是什么意思呢？在耶鲁发表演讲的几个月前，他乘坐一艘巨大的远洋轮船横渡大西洋，发现船长在驾驶台上，只要按下一个按钮，很快就会听到一阵机器叮当作响的声音，轮船各部分立刻被分成几个彼此隔绝的空间——分割成几个独立的防水舱。奥斯勒博士对耶鲁大学的那些学生说道：“你们每个人都是一个远比那条远洋海轮神奇得多的机体，要走的航程也远得多。我想告诫各位的是，要学会控制这个机体，活在一个“完全独立的今天”，这是确保航程安全的最佳途径。最起码，你得到驾驶台上看看巨大的舱壁是否正常运转。对于生活中的每个方面，按下一个按钮，让铁门隔断过去，隔断已逝的昨天；按下另一个按钮，用铁幕隔断将来，隔断尚未到来的明天。这样你就安全了，拥有了稳妥的今天！隔断过去，让逝去的过往销声匿迹，隔断那为傻瓜照亮了死亡之路的昨天……在承载了昨天的负担之后，如果再加上明天的负担，那么再强大的人也会步履蹒跚。要把未来如同过去一样紧紧地关在门外。未来就在于今天……明天根本不存在。人类的救赎就在当下。如果一个人为未来而焦虑，则紧随他的只会是精力浪费、心理压抑、紧张焦虑。那么就把前后的船舱都切断吧，着手培养良好的习惯，生活在“完全独立的今天”。

奥斯勒博士的意思是不是让我们不用努力为明天做准备呢？不，根本不是。但他确实在那次演讲中强调说，为明天做准备，最好的方法就是集中所有的才智和热情去完成今天的工作。这也是唯一可行的为未来做准备的方法。

威廉·奥斯勒爵士建议耶鲁大学的学生们吟诵基督的这句祷告来迎接每一天："请赐给我们今天的面包。"

记住，这句祷告只是祈求今天的面包，并没有抱怨昨天我们咽下的变味的面包，也没有说："噢，上帝，最近生产小麦的地区遭遇干旱，我们可能将面临又一次的旱灾，那么，来年秋天我们哪还有面包吃呢？或者，如果我失业了，哦，上帝呀，那时我哪有钱去买面包呢？"

这句祷告只是教我们祈求今天的面包。只有今天的面包才是唯一可以吃到的面包。

很久以前，一个身无分文的哲人流浪到一处山区，那儿的人们过着非常艰苦的生活。一天，他在山顶上对周围的人群演讲了一段也许是有史以来在各个场合被引用最多的名言。这次演讲包含着流传百世的几十个字："不要为明天操心，因为明天自有明天要操的心，一天的难处一天当就够了。"

很多人反对耶稣的这句箴言："不要为明天操心"。他们将这句话斥为不切实际的理想，带有东方神秘主义的色彩。他们说："我必须得为明天操心，我必须办理保险，为我的家庭提供保障，我必须存钱养老，我必须未雨绸缪。"

不错，我们当然得这么做。但事实上耶稣的那句箴言是在

300多年前翻译的，现在的含义和当年詹姆斯王朝时的含义已大相径庭。300年前，“操心”一词常常有“焦虑”的意思，现代版本的《圣经》在引述耶稣的这句话时采用了更加明确的说法：“别为明天的事焦虑。”

我们的确需要尽一切可能为明天操心，做细致的打算、精心的安排，但不要焦虑。

战争时期，我们的军事将领要为将来制定计划，但是他们绝不能有丝毫的焦虑。美国海军指挥官欧内斯特·金上将说：“我把我们最精良的装备提供给最优秀的士兵，再交给他们精心策划的任务。我所能做的仅此而已。”

他接着说道：“如果一条船已经沉没，我无法将它捞起；如果它将要沉没，我也无法阻止。与其为昨天的事情懊恼，不如花时间去解决明天的问题。而且，如果总是纠缠于那些事情，我的生命也不会长久。”

无论是战争年代还是和平时期，积极的思维和消极的思维最大的区别在于：积极的思维考虑的是事情的因果关系，从而得出合乎逻辑的、建设性的计划；而消极的思维往往会导致心理紧张和精神崩溃。

我最近有幸采访了亚瑟·海斯·苏兹伯格，他是世界著名报刊《纽约时报》的发行人。苏兹伯格先生告诉我，当第二次世界大战的战火蔓延整个欧洲时，他感到非常恐惧，对前途无比忧虑，几乎无法入睡。他常常在夜半时分起床，拿出画布和几管颜料，看着镜子，试图画一幅自画像。他对绘画一无所知，但他还是画了，借此平复焦躁不安的心情。苏兹伯格告诉我，他一直无法消除焦虑、觅得安宁，直到有一天，他从一首教堂赞美诗中听到了五个字：所需仅一步。这成了他的座右铭。

仁慈的灯光，指引我……
愿你照亮我的脚步，不求
看到遥远的路途，
所需仅一步。

我们现在的生活方式带来的最严重后果之一，就是医院里半数的床位都留给了精神紧张或出现心理问题的人。这些人既有对过去日积月累的负罪感，又有对将来的恐惧，双重负担将他们压垮了。可是，这些病人中的大部分其实本可以逛逛街，过着快乐而有意义的生活，只要他们能听从耶稣的话语，“不要为明天焦虑”，或者信奉奥斯勒博士的名言，“生活在一个完全独立的今天”。

此时此刻，你我正站在两个永恒的交点上——绵延至今的过去和通向时间尽头的未来。我们不可能生活在这任一永恒之中，哪怕一秒也不行，这样的企图只会摧毁我们的身心。所以，就让我们满足于生活在可以把握的此刻吧：从现在直至入睡。罗伯特·路易斯·斯蒂文森写道：“无论压力有多大，每个人都能坚持到夜晚的到来；无论有多艰难，每个人都能完成一天的工作。每个人都能开心、闲适地生活，满怀爱心，简简单单，直到太阳落下。这就是生命的真谛。”

是的，这就是生活对我们的全部要求。可是，住在密歇根州萨吉诺市考特街815号的E·K·希尔兹太太，在学会这些之前已经陷入绝望，甚至濒临自杀的边缘。希尔兹太太向我讲述了她的故事：

“1937年，我失去了丈夫，情绪极度低落，而且几乎身无分文。我给我以前的雇主、堪萨斯市罗奇–福勒公司的老板利昂·罗奇先生写了封信，做回了我原来的工作。我之前的谋生手段是向乡镇地区的学校推销《世界百科全书》，此前两年在我丈夫生病时，我已经把汽车卖了，但是我想办法凑够了首付，分期付款买了一辆旧车，又开始出去卖书。

“我原以为，重回正轨也许可以帮我消除低落的情绪。可是，独自驾车、独自吃饭的生活让我几乎难以忍受。某些地区销路不好，尽管汽车分期付款的那点儿钱并不多，可我却发现很难还得上。

“1938年春天，我以密苏里州的凡尔赛为中心出去推销。那里的学校都很贫困，路况也很差。我孤独而且沮丧，甚至一度想到了自杀。成功似乎遥不可及，我失去了生活的目标。我害怕每天早上起来面对生活。我对一切都感到恐惧：担心还不清分期付款的车钱，担心付不起房租，担心没钱吃饭。我还担心身体越来越差却没钱看病。我之所以没有自杀，原因就在于担心姐姐会悲痛万分，况且也没有足够的钱去支付丧葬费。

“后来有一天，我读到了一篇文章，使我彻底从消沉中振作起来，给了我继续生活下去的勇气。我对其中那句令我振奋的话永远都心存感激。它是这样写的：‘对一个聪明人来说，每一天都是崭新的。’我把这句话打印下来，贴在汽车的前挡风玻璃上，这样，在我开车的每一分钟都可以看见它。我发现每次只活一天并不困难，我学会了忘记过去，也不去空想未来。每天早晨我都会对自己说：‘今天是全新的一天。’

“我成功地克服了恐惧心理，不再害怕孤独和贫困。现在的我非常快乐，事业有成，对生活充满了热情与爱意。现在我知道，不管生活带给我的是什么，我都不会再担心，我不用惧怕未来，我会坦然过好每一天，因为‘对一个聪明人来说，每一天都是崭新的。’”

猜猜是谁写下了这样的诗句：

只有把握今天，
才会感觉幸福；
明朝狂风暴雨，
任它摧枯拉朽。
内心若要安逸，
今日不可虚度。

这些诗句有点儿现代气息，是不是？但它们是古罗马诗人贺拉斯在基督降生的30年前写下的。

据我所知，人类天性中最悲哀的一点就在于，我们往往漠视眼前的生活。我们都幻想着天边有一处魅力无穷的玫瑰花园，却无暇欣赏今天盛开于窗外的玫瑰花。

我们为什么这么傻？这么可悲呢？

斯蒂芬·李科克曾写道："我们生命的小小历程是多么奇怪啊！幼童会说：'等我长成个大孩子的时候……'但那又怎么样呢？大孩子会说："等我长大了……"长大以后，他又说：'等我结婚后……'可结了婚，又能如何呢？想法又变成'等我退休后……'接着，等到真的退休了，他回首走过的历程，心中似乎有一阵寒意掠过；不知不觉地，他就错过了一切，所有的都一去不复返了。人生就在于生活的每一天、每一小时里，但我们知道得太晚了。"

"人生就在于生活的每一天、每一小时里"，底特律已故的爱德华·伊文思先生在理解这个道理之前，差点儿因焦虑而送命。他出身贫寒，起初以卖报为生，接着在一家杂货店做店员。后来，为了养活一家七口，他找了一份图书馆管理员的工作。尽管工资微薄，他也不敢辞职。8年之后，他才鼓起勇气开创自己的事业。他用借来的55美元作为启动资金，发展到年收入两万美元。接着，厄运降临，还差点儿要了他的命。他帮朋友签了一大笔钱的单子，但是朋友却破产了。这场灾难之后，又一场灾难接踵而来：他存入全部资产的银行倒闭了。他不但分文不剩，还欠下了16000美元的债。他的神经无法承受这一切。"我当时寝食难安"，他告诉我说，"我得了一场怪病，纯粹是因为焦虑。有一天我走在街上，突然晕倒在路边，从此就无法行走了。我躺在床上，浑身长满了肿块。这些肿块向体内发展，让我连翻身都是一种痛苦。我日益虚弱下去。最终医生告诉我说，我只剩下两周的时间了。我惊呆了，写好遗书，然后躺回床上等着自己末日的到来。此刻，挣扎或焦虑已没有用处。我放弃了治疗，让自己松弛下来，沉沉睡去。几个星期以来，我从没能连续睡上两小时。可现在，当世俗的事务即将终了，我竟能像婴儿般地入睡。我精疲力竭的疲惫感开始消失，胃口好了起来，体重也在增加。

"几周之后，我能拄着拐杖走路了。6周后我已能够返回工作岗位了。过去我每年能赚两万美元，但现在，能找到每周30美元的工作我就心满意足了。我现在的工作是推销一种运输汽车时放在车轮后面的垫板。我吸取了教训，不再焦虑，不再为过去发生的一切懊悔，也不再恐惧未来。我把全部的时间、精力和热情都用在推销垫板中。"

爱德华·伊文思的事业蒸蒸日上，短短几年，他便成了伊文思产品公司的董事长。这家公司在纽约证券交易所上市已有多年。到1945年爱德华·伊文思去世时，他已经成为美国最有进取精神的商业人士之一。如果你有机会乘飞机到格陵兰岛，可能会降落在伊文思机场——一座为纪念他而命名的小型机场。

这个故事的关键在于：如果爱德华·伊文思没有认识到焦虑是愚蠢的行为，没有学会"生活在完全独立的今天"，那么他绝对体会不到在生意上获得成功的巨大乐趣。

耶稣诞生前500年，古希腊哲学家赫拉克利特告诉他的学生："万物都在变，唯有变化这个法则不会变。"他说："人不能两次踏入同一条河流。"

河流每秒都在变化着，踏入其中的人也是如此。生活中总是充满变数，唯一可以确定的就是今天。我们为什么要破坏今天的美好生活，却试图去解决未来那些变幻莫测、不可预知的事情?

古罗马人对此有一个说法，确切地说是两个拉丁单词——Carpe diem，即"享受今天"，或者说"把握今天"。是的，要把握今天，加以充分利用。

这也是洛威尔·托马斯的人生哲学。最近我在他的农场度过了一个周末，看到他把《诗篇》第118首中的诗句装裱起来，挂在播音室的墙壁上，这样他就可以经常看到它们了：

这是上帝所定的日子，
我们在其中要高兴欢喜!

约翰·罗斯金则在他的桌子上放了一块简简单单的石头，上面刻着"今天"两个字。我没有在书桌上摆放石头，不过我在镜子上贴了一首诗，每天早晨刮胡子的时候都能看见它。这首诗一直被奥斯勒博士置于案头，其作者是印度著名剧作家迦梨陀娑：

致黎明

珍惜今天吧!

因为它就是生活，生活的要务

它短暂的路途

涵盖了生存的全部

成长的喜悦

奋斗的荣光

成就的壮图

昨日不过一梦

明朝似幻如雾

今日不虚度，才能

体会昨日梦境的幸福

踏上明天希望的旅途

珍惜今天吧!

这是对黎明的倾诉

所以，关于焦虑你该知道的第一件事情就是：要想把焦虑拒之生活的门外，你就该像奥斯勒爵士所做的那样：

关上通往过去和将来的铁门，生活在完全独立的今天。

「原则一：

生活在“完全独立的今天”，不要为将来忧心忡忡，只要过好这一天。

何不问问自己下面几个问题，并写下答案呢？

1. 我是否漠视眼前的生活，却为将来忧心忡忡？或者对“天边魅力无穷的玫瑰花园”念念不忘？

2. 我会不会纠结于那些木已成舟的往事，从而让今天愈加痛苦？

3. 每天早晨起床时，我是否决心要“把握今天”——充分利用这二十四小时？

4. 我能否通过“生活在完全独立的今天”让生活更加充实？

5. 我应该从什么时候开始这样做？下周？明天？还是今天？」

编辑荐语：

你今天有没有瞻前顾后呢？写下今天做的事情来看一看吧。

读书笔记：

2　排解焦虑的“神秘处方”

在接着读本书之前，你是否想寻找一种快速有效的方法、一种立竿见影的技巧来应对焦虑的处境?

那么，就让我给你介绍一下威利斯·开利发明的一个办法。这位杰出的工程师开创了空调工业，现在是坐落在纽约州锡拉丘兹市的国际驰名的开利公司总裁。他的方法是我所听说过的排解焦虑最有效的方法之一。有一天，我与开利先生在纽约的工程师俱乐部共进午餐，他亲口把这个方法教给了我。

“年轻的时候，”开利先生说道，“我在纽约布法罗市的布法罗钢铁公司工作，曾经接受了一项任务，去密苏里州克里斯特尔市匹兹堡平板玻璃公司下属的一个工厂安装燃气净化器，这个工厂是耗费了上千万美元才建立起来的。安装这个设备是为了去除燃气中的杂质，从而让它在燃烧时不会损坏引擎。这是一种全新的燃气净化的方法，之前只试用过一次，而且条件和这次不一样。我在密苏里州克里斯特尔市工作期间，出现了许多未曾料到的困难，机器虽然勉强可以运转，但性能却没有达到我们所做的承诺。

“失败让我发蒙，简直就像有人给了我当头一击。我的肠胃开始翻江倒海，有段时间过度的焦虑让我夜不能寐。

“最后，理智告诉我，焦虑是无济于事的，于是我想出了一个无须担忧就能解决问题的方法，效果非常好。这个抗焦虑的方法我已经用了30多年。它很简单，任何人都能用。它包括三个步骤：

“第一步，我冷静客观地分析了当时的形势，推断这次失败可能产生的最坏的后果。没有人会把我送进监狱或枪毙掉，这是肯定的。当然，我确实有可能丢掉自己的工作，老板也可能不得不撤回这套机器，损失投入的两万美元。

“第二步，在分析出所面临的最坏的后果之后，我说服自己在必要的时候接受它。我告诫自己，这次失败会让我的人生遭受打击，也许还会丢了工作。但即便如此，我总能再找到一份工作的。情况还不算太糟；对我的老板们而言，他们认识到，我们是在试验一种新的燃气净化的方法，如果试验要花费两万美元，他们还是承受得起的，全当用于研究了，毕竟这是一次试验。

“在估计了可能出现的最坏结果，并说服自己在必要时接受它之后，一个极其显著的变化发生了：我立刻放松了下来，体会到了几天来从未有过的平静。

“第三步，从那时起，我就潜心改善，并且从心理上接受了最坏的结果。

“我开始想方设法降低我们所面临的两万美元损失。经过多次试验，我发现如果再花费5000美元添加些辅助设备，问题就可以迎刃而解。我们就这样做了，公司不但没有损失原有的两万美元，反倒赚了15000美元。

“如果我当时一直处于焦虑状态，很可能永远都解决不了这个问题，因为焦虑的最大危害就是让人无法专心致志。焦虑的时候，我们会心神不宁，失去判断力。但是一旦我们强迫自己面对最坏的结果并从心理上接受它时，我们就能抛开一切空想，专注于面临的问题。

“我说的这件事发生在很多年前，因为效果非常好，从那以后我一直在使用它，我的生活也几乎从此与烦恼绝缘了。”

那么，从心理学角度讲，为什么威利斯·开利排解焦虑的“神秘处方”会如此珍贵、如此有用呢？因为当焦虑蒙蔽了我们的双眼时，我们就如同在乌云中摸索，这个“处方”能把我们从中拉出来，让我们脚踏实地认清自己的位置。如果脚下没有坚实的根基，我们又怎么可能奢望找到解决问题的方法呢？

应用心理学之父威廉·詹姆斯教授已经去世38年了，假如他能活到现在，听说了这个应对最坏结果的“神秘处方”，一定会发出由衷的赞叹。何出此言？因为他曾对学生说过：“要乐于接受现实……要乐于接受现实……因为，接受既成事实是战胜接踵而至的一切不幸的第一步。”

林语堂在他那本广受欢迎的《生活的艺术》里也表达过同样的思想。这位中国哲人说道：“接受最坏的境遇，能让人获得真正的内心的平和。我想，从心理学角度看，这是一种能量的释放吧。”

千真万确！从心理学角度来讲，它意味着能量的全新释放！一旦接受了最坏的境遇，我们就没有什么可失去的了，自然也就意味着可以获得一切。威利斯·开利介绍说：“直面困境后，我立即就轻松了，感受到一种从未有过的平静。从那以后，我就能够思考了。”

有道理，是不是？但无数的人在愤怒的喧嚣中毁掉了自己的生活，因为他们拒绝接受最坏的结果，拒绝尝试改善，拒绝从中挽回些什么。他们不是设法重构自己的人生，而是纠缠于痛苦的过往，终日郁郁寡欢，成为焦虑的牺牲品。

你想看看其他人是如何运用威利斯·开利的“神秘处方”解决自己的问题的吗？下面这个例子来自一位纽约的石油商人，他曾是我班上的一名学员。

“我被敲诈了！”这名学员开始了他的诉说，“我简直不敢相信！我不相信电影之外竟然会发生这种事，但我确实是被敲诈了！事情是这样的：我主管的石油公司里有几辆运油的卡车和几个司机。那时战争条例十分严格，我们提供给每一个顾客的油量都有配额限制。似乎某些司机在运输过程中克扣了给老顾客的定量油，然后转卖给他们自己的客户，我对此毫不知情。

“有一天，一个自称是政府调查员的人来找我，向我要封口费，这时我才知道存在这种非法交易。他掌握了我们的司机违法的书面证据，还威胁说，如果不答应给他钱，他就会把这些证据交到地方检察官的办公室去。

“当然，我知道没什么好担心的，至少对我个人来说是这样。但我也知道，法律规定公司必须对自己员工的行为负责。而且，如果案子移交法院，必定被媒体曝光，这种负面影响就会毁了公司的生意。我一直以自己的公司而骄傲，它是父亲在24年前创建的。

“我急火攻心，一下子病倒了，整整三天三夜没有吃饭，也没有睡觉。我陷入疯狂的怪圈，无法自拔。我是该给他5000美元呢？还是让那家伙随便折腾？两种方案我都犹豫不决，结果就是噩梦连连。

“后来，一个星期天的晚上，我随手拿起一本关于‘怎样战胜焦虑’的小册子，这是我去听卡耐基公共演讲培训课时拿到的。我读了起来，看到了威利斯·开利的故事。其中写道：‘直面最坏的结果。’于是我问自己：‘如果我不给钱，那些勒索者把证据交到地方检察院，可能发生的最坏情况是什么呢？’

“答案就是：生意受损，最糟糕的情况也就是这样。我不会因此而坐牢，最多就是负面的媒体报道断送企业的前途。

“于是，我对自己说：‘好了，就算生意做不成了，我从内心接受这一点，那又如何呢？’

“企业垮掉之后，也许我得另找工作。这也不是很难，我对石油行业是很熟悉的，有几家公司也许会雇佣我……我的心情舒畅起来。折磨我三天三夜的恐惧感也开始逐渐退去。我的情绪稳定了下来……令人吃惊的是，我能够进行思考了。

“现在，我开始头脑清醒地面对第三个步骤：改善最糟的境况。我思考着对策，突然想到了一个全新的思路：如果我把整个情况告诉我的律师，他也许能找到一个我没有想到的办法。我知道，要说之前一直没有想到这一点似乎有点儿愚蠢，不过我当时确实没有在思考呀，我只是在焦虑！我立刻下定决心，准备第二天一大早就去见我的律师。随后我上了床，像木头一般酣然睡去。

“结果怎么样呢？第二天早上，我的律师让我去见地方检察官，并以实相告。我完全这么做了。把情况交代清楚之后，我出乎意料地听到地方检察官说，这种敲诈案已经持续好几个月了，那个自称是“政府官员”的人，其实是个警方通缉的诈骗犯。在我为是否该把5000美元交给那个诈骗犯而经受了三天三夜的折磨之后，听到地方检察官的话，真是如释重负。

“这次经历给了我一次恒久的教训。现在，每当面临难题，形成困扰时，我就用上‘开利的神秘处方’。”

就在威利斯·开利为他在密苏里州克里斯特尔市一家工厂里安装的燃气净化器而忧心忡忡的时候，内布拉斯加州布罗肯鲍的一个伙计正在准备他的遗嘱呢。他叫厄尔·哈尼，患有十二指肠溃疡。包括一名溃疡专家在内的三名医生都认为哈尼的病“无可救药”了。他们让他不要吃这个，不要吃那个，不能忧虑，不能生气——要保持绝对的平静。他们还让他准备好遗嘱！

这些溃疡迫使厄尔·哈尼放弃了薪水优厚的工作。现在，除了慢慢等死，他没什么可做的，也没什么可期待的了。

此时，他做了一个决定，一个不同寻常却非常明智的决定。“既然时日无多，”他说道，“那我何不善加利用呢？我一直渴望着在有生之年周游世界，如果还想这么做的话，现在就得去了。”于是，他买了票。

医生们惊呆了。他们对哈尼说：“我们必须得警告你，如果你要做这次旅行的话，那只能葬身大海了。”

“我不会的，”他回答道，“我已经答应家人了，我要葬在内布拉斯加州布罗肯鲍的家族墓地里，所以我要买具棺材带着。”

他买了一具棺材并带上了船，然后和轮船公司协商好，如果在旅途中去世，就把他的遗体放在冷冻仓中保存，直到轮船返航。他就这样踏上了旅程，内心激荡着欧玛尔的古老诗句：

啊，把剩下的一切尽情地享用
趁我们还没沉沦于尘土之中
尘土复归于尘土，长眠尘土下，
无酒无歌无歌手，而且还无穷！①

然而，他的旅途并非“无酒”相伴。“我一路上喝着高杯酒，抽着大雪茄，”哈尼先生在一封此刻放在我面前的信中写道，“我吃着各种各样的食物——甚至包括那些保准会要我命的异乡食

① 该诗句选自《柔巴依集》，此处采用黄杲炘译本。——译者注。

品。多年来我从未像现在这样享受过生活！我们经历了季风和台风，哪一样都可能让我进棺材，吓都吓死了——可我却从这惊心动魄的冒险中得到了巨大的乐趣。

“我在船上玩游戏、唱歌、结交新朋友，晚上开心得玩到深夜。到了印度之后，我发觉，与东方的贫困和饥饿相比，我在故乡面对的生意上的烦恼和忧心简直就是天堂。我抛弃了所有无谓的焦虑，心情舒畅了起来。回到美国后，我的体重增加了整整90磅，几乎完全忘记了我曾得过胃溃疡。一生中我从未感觉如此良好。我立刻把棺材卖回给经销商，重新开始了工作。自那以后，我一天病都没生过。”

这件事发生的时候，厄尔·哈尼甚至都没听说过威利斯·开利以及他应对焦虑的方法。“但我现在明白了，”他最近对我说，“我当时在无意中运用了完全一样的方法。我说服自己接受最坏的结果——对我来说，就是死亡。然后，我尽情享受余生，争取改善这最恶劣的处境……如果，”他接着说道，“如果我在上船后继续忧心忡忡，那么无疑要躺在那具棺材中返航了。但是我放松了下来——我把它忘了。这种心灵的静谧给了我重生的能量，最终挽救了我的生命。（厄尔·哈尼现在居住在马萨诸塞州温切斯特市维奇米尔大街52号。）

那么，既然运用这个“神秘处方”能让威利斯·开利挽回两万美元的合同，让一个纽约商人免遭诈骗，让厄尔·哈尼保住了性命，它难道不能帮你消除些许烦恼、甚至解决一些你认为无解的难题吗？

「原则二：

如果遇到让你焦虑的事，就应用开利的“神秘处方”，去做以下三件事：

1. 问问自己，“可能发生的最糟糕的结果是什么？”

2. 如果别无选择，那你就接受它。

3. 然后冷静面对，设法改善最坏的结果。」

编辑荐语：

写下最能使你焦虑的事情，并写下你预计的最糟糕的结果。

读书笔记：

3 焦虑的危害

“不懂得如何排解焦虑的人容易早逝。”

——亚历克西·卡雷尔博士

多年以前的一个晚上，一位邻居来按我的门铃，催促我和我家人去接种预防天花的疫苗。整个纽约市有几千名按门铃的志愿者，他是其中的一员。惊慌失措的人们一站就是好几个小时，排队去接种疫苗。不仅所有的医院都设了接种站，连消防队、派出所以及大的工厂里都有。2000多名医护人员夜以继日地忙碌着为大家接种疫苗。如此兴师动众的原因是什么呢？因为纽约市有8人得了天花，其中两人死亡。近800万的人口中死了两个人而已。

现在，我已经在纽约市住了37年，至今也没有一个人来按过我的门铃，警告我提防焦虑这种心理疾病——而这种病在过去37年中所造成的危害，比天花的危害要大一万倍。

从来没有人来按门铃告诫我说，目前生活在美国的人中，有十分之一会因精神焦虑和感情纠葛而精神崩溃。因此，我写下这一章，用作门铃来给你提个醒。

伟大的诺贝尔医学奖获得者亚历克西·卡雷尔博士曾说过："不知道如何排解焦虑的职场人士容易早逝。"其实家庭主妇、兽医以及泥瓦匠也都如此。

几年前，我在假期和戈贝尔博士一起驾车穿越德克萨斯和新墨西哥，他是圣菲铁路公司的医务主管之一，真正的头衔是海湾-科罗拉多-圣菲医院协会主任医师。我们聊起了焦虑对人的影响。他说："只要能够消除恐惧和焦虑，70%找医生看病的人都会自愈。当然，我的意思不是说他们的病是凭空想象出来的。他们的病就像钻心的牙疼一样真实存在，有时甚至比牙疼还要严重一百倍。我所说的这些病包括神经性消化不良、某些种类的胃溃疡、心脏病、失眠、某些头痛和麻痹症。

"这些疾病都是千真万确的。我并非在胡说八道，因为我自己就饱受了胃溃疡12年的折磨。

"恐惧使人焦虑，焦虑导致紧张，并影响到人的胃部神经，从而使胃液从正常变为异常，往往导致胃溃疡。"

《神经性胃病》一书的作者约瑟夫·蒙塔格医生也说过类似的话。他指出："胃溃疡的产生，不是因为你吃了什么，而是源自蚕食你精神的焦虑情绪。"

梅奥医疗中心的阿尔瓦雷斯医生认为："溃疡病会随着你情绪的波动而发作或消退。"

对在梅奥医疗中心就诊的15000名胃病患者进行研究之后得

出来的结果印证了上述看法。有4/5的人并非是因为生理因素而得胃病。恐惧、焦虑、憎恨、极度自私以及适应现实生活的能力缺乏，这些是引发胃病和胃溃疡的主要因素。胃溃疡是致命的。据《生活》杂志报道，胃溃疡现已位列致命疾病的第10位。

我最近和梅奥医疗中心的哈罗德·哈滨博士有过几次通信。他在全美工业界医师协会年会上宣读了一篇论文，说他研究了176位平均年龄44.3岁的企业主管。他报告说，这些主管中有略多于1/3的人由于生活过度紧张而受心脏病、肠胃溃疡或高血压的困扰。想想看，在我们的企业主管中，有1/3的人还不到45岁就因心脏病、溃疡病和高血压而毁掉了自己的身体。成功的代价何其巨大！而且他们甚至还没取得成功！一个人以胃溃疡或心脏病来换取事业的进步，他能算真正的成功者吗？就算他赢得了全世界，却损失了自己的健康，其利何在？即便真的拥有了整个世界，他能做的也不过三餐一宿而已。而这些，就连一个挖水沟的工人也同样能做到，而且还可能比那些位高权重的主管睡得更安稳，吃得更香甜。说实话，我情愿做一个在亚拉巴马州租田耕种的农夫，闲来能在膝上弹拨一曲班卓琴，也不愿意在不到45岁时，就为了要管理一家铁路公司或烟草公司而毁掉自己的健康。

说到香烟，最近，一位世界知名的香烟制造商在加拿大的森林中度假时，因心脏衰竭而溘然长逝了。他累积了几百万的财产，61岁时却已去世。也许，他是用多年的生命换来了“事业上的成功”吧。

在我看来，这个烟草公司的主管尽管身价不菲，也不及我父亲一半成功。父亲不过是密苏里州的一个农民，一文不名，却活到了89岁。

著名的梅奥兄弟宣布说，他们医院里过半的床位都被患有精神疾病的人占据了。可是，在高倍显微镜下剖验他们的神经细胞时，却发现大多数患者的神经细胞非常健康，和拳击手杰克·登普西的别无二致。他们的“精神困扰”并非因为神经系统的机体衰退，而是由悲观、挫折感、急躁、忧虑、恐惧、挫败和绝望等不良情绪所引起的。柏拉图曾说：“医生所犯的最大错误就在于他们没有身心兼治，而精神和肉体是一体的，不应该分开治疗。”

医学界用了2300年的时间才意识到这个伟大的真理。我们目前正在发展一门崭新的学科——身心医学，对精神和肉体同时进行治疗。这种做法刻不容缓，因为现代医学已经可以有效防治大部分由细菌引起的可怕疾病，比如天花、霍乱、黄热病以及其他数十种疾患，这些病种曾经让千百万人年纪轻轻就进了坟墓。但是医学界对那些并非由细菌引起的身心疾患却无能为力，这些疾病多是由焦虑、恐惧、憎恨、挫折感和绝望等情绪引发的。这些情绪因素引发的疾病造成的死亡人数日益攀升，而且蔓延速度相当惊人。

医生估计，目前每20个美国人中就有1个会因为精神类疾病需入院治疗一段时间。第二次世界大战期间，每6个应召的美国年轻人中就有1个因为精神疾病或缺陷而不能服役。

精神失常的原因是什么呢？没有人知道全部答案。但是在大多数情况下极可能是恐惧和忧虑所致。焦虑和烦躁的人不能适应残酷的现实，把自己和周围的联系完全断绝，退缩到自己隐秘的幻想世界里，借此缓解内心的紧张。

就在写作这本书的时候，我的桌子上放着一本爱德华·波多尔斯基博士的著作，名叫《战胜焦虑，健康生活》，以下是书中的几个章节标题：

焦虑对心脏的危害

焦虑引发高血压

焦虑可能导致风湿病

为了你的肠胃健康，请减少焦虑

焦虑可能引起感冒

焦虑和甲状腺的关系

焦虑引发的糖尿病

《跟自己过不去》是又一本关于焦虑的发人深省的书，其作者卡尔·曼宁格医生是“梅奥精神病治疗小组”的成员。一旦放任不良情绪占据自己的生活，人们会严重伤及自身健康，曼宁格医生的书对其触目惊心的后果进行了揭示。如果你想不再跟自己过不去，那就买下这本书，读一读，并把它送给你的朋友。这本书仅售4美元，但这将是你这一生中最值得投资的4美元。

再坚强的人也会因焦虑而患病。美国内战即将结束的时候，格兰特将军体会到了这一点。故事是这样的：格兰特率领部下围攻里士满已经9个月了，李将军的部队则衣衫不整，饥饿难耐，很快就要被打垮了。整个军队一下子士气涣散，有些人在帐篷里集体祈祷，又哭又叫，还看到了种种幻象。战争就要结束了。李的部下放火烧了里士满的棉花和烟草仓库，还烧毁了兵工厂，然后在火光冲天的夜色中弃城而逃。格兰特乘胜追击，从两翼和后方将南部邦联军队打得落花流水，而谢里顿将军则率骑兵从正面阻击，炸毁了铁道，缴获了运送补给的火车。

由于头痛剧烈，几近半盲的格兰特无法跟上队伍，就在一个农户家中住了下来。后来，他在回忆录中写道："我整晚都把双脚泡在加了芥末的热水里，还把芥末膏贴在手腕和后脖子上，希望到第二天早上能康复。"

第二天早上，他果然迅速康复了。但治好他的不是那些芥末膏，而是有人用快马送来的李的一封信，说他愿意投降了。

格兰特写道："当那个军官将信带到我的面前时，我的头还在疼着，可是看了那封信的内容之后，我就好了。"

显然，格兰特是因为焦虑、紧张和情绪上的不安才生病的。一旦从情绪上恢复自信，想到了成功和胜利，他很快就康复了。

70年后，在富兰克林·罗斯福内阁中担任财政部长的亨利·摩根索也发现，焦虑让他极度不适，头晕目眩。他在日记中说，总统为了提高小麦价格，一天之内购买了440万蒲式耳的小麦，这使他非常担心。他在日记中写道："只要这事还在进行，我就一直感觉头晕目眩。回到家里吃过午饭以后，我就在床上躺了两个小时。”

如果想了解焦虑对人产生的影响，我根本用不着去图书馆或找医生咨询，只需要在创作之余从家中的窗户向外看看就行了。我能看到，就在同一个街区的不远处，某间房子里有个人已经因焦虑而精神崩溃，而另一间屋子里则有人因为焦虑患上了糖尿病。股市一旦下跌，他血液和尿液中的糖分含量就升高了。

法国著名哲学家蒙田在当选为家乡波尔多市的市长时，曾对市民们说：“我愿意用我的双手来处理大家的事务，但不想让它们影响我的身心健康。”

我的那个邻居却让股市风云渗透进他的血液之中，并差点儿为此送命。

如果我想提醒自己焦虑对健康的影响，我都没有必要去街坊邻居的家里看看，我可以看看此刻我正端坐其中的这所房子，它的前任房主就是因为焦虑而英年早逝的。

焦虑能引发风湿病和关节炎，让人与轮椅为伴。康奈尔大学医学院的罗素·塞西尔博士是世界公认的关节炎治疗权威，他列举了导致关节炎的四种最常见情况：

1. 婚姻破裂

2. 财务危机

3. 孤独和焦虑

4. 长期积怨

当然，诱发关节炎的病因远不止这四种情绪因素，不同原因会导致不同种类的关节炎。但是必须要强调一下，引发关节炎的最常见情形就是塞西尔博士所列的四种。例如，在经济大萧条时期，我的一个朋友厄运不断：煤气公司停止给他们供气，银行也取消了他的房贷。他的夫人便在一夜之间患上了疼痛难忍的关节炎，药疗食疗都不见效，一直持续到他们的经济状况有所好转为止。

焦虑甚至会让人患龋齿。威廉·麦戈尼格尔博士在全美牙医协会的一次演讲中说，“焦虑、恐惧、抱怨等引起的不良情绪可能影响到人体的钙质平衡，从而导致龋齿。”麦戈尼格尔博士谈到了一个病人，他原来一直有一口好牙，后来因为妻子突患急病而发生了改变。

就在他妻子住院的那三个星期之内，他的牙齿上出现了9个蛀虫洞，这些蛀虫洞都是焦虑引起的。

你见过极度亢奋的甲状腺患者吗？我见过。他们浑身颤抖，哆嗦不停，看上去像是被谁吓到半死一样——他们发病时就是这样。对身体起调节作用的甲状腺一旦出现问题，就会使心跳加快，整个身体会亢奋得像一个打开所有通风口的火炉。如果不通过手术或治疗加以控制，患者很可能会死亡，“让自己燃烧殆尽”。

前不久，我陪同一位得了这种病的朋友去费城拜访了一个著名专家，他是一名在治疗这种病症方面具有38年临床经验的医生。他的候诊室墙上挂着一块大木牌，上面写着他给病人的忠告，让他们随时可以看到。猜猜上面写着什么？我在等候的时候把它抄在了一个信封的背面：

放松心情 享受生活

最能让自己身心愉悦、精力充沛的力量

来自坚定的信仰

香甜的睡眠

优美的音乐

爽朗的笑声

相信上帝，安心入睡

热爱优美的音乐

乐观地看待人生

健康和幸福就会属于你

他向我的朋友提的第一个问题是：“是什么样的情绪困扰使你产生这种情况？”他提醒我的朋友，如果继续焦虑下去，就很可能患上其他并发症，如心脏病、胃溃疡或者糖尿病。这位名医说：“所有这些疾病都像亲戚一样，而且是近亲。”确实，它们都是近亲，都是焦虑引发的疾病！

在我采访影星梅尔·奥伯朗时，她告诉我她绝对不会焦虑，因为她知道焦虑会毁掉她的美貌，那可是她在银幕上的最大资本。

她告诉我说：“我最初想进军影坛时，既担心又害怕。那时的我刚从印度过来，想在伦敦找份工作，却人生地不熟。我见过几个制片人，但他们谁也不愿意用我。仅有的一点儿钱也快花光了。整整两个星期，我只靠一点儿饼干和水过日子。此刻我不仅焦虑，还要挨饿了。我对自己说：‘也许你就是个傻瓜，永远都进不了电影界。毕竟你没有经验，从来没有演过戏。除了一张漂亮的脸蛋，你还有什么资本呢？’

“我走到镜子前面，端详起镜中的自己，发现焦虑给我的容貌留下了痕迹。我看到脸上长出了皱纹，看到了满面的愁容。于是我对自己说：‘你可千万不能再焦虑了，你承受不起焦虑的后果啊。你能拿得出手的也只有姣好的面容了，但焦虑会毁掉它。’”

没有什么会比焦虑更容易使一个女人快速老去，进而摧毁她的容貌。焦虑会让我们表情僵硬，让我们牙关紧咬，让我们满脸皱纹，让我们永远愁眉不展。

焦虑让我们头发灰白，有时甚至脱落。焦虑会破坏我们的皮肤，长出各种皮疹、痤疮和粉刺。

心脏病是当今美国的头号健康杀手。第二次世界大战期间，大约有30多万人在战斗中死亡；而在同一时期，死于心脏病的平民多达200万，其中100万人的心脏病是由焦虑和生活压力过大引起的。是的，不知道如何排解焦虑的职场人士容易早逝，之所以亚历克西·卡雷尔博士会这么说，心脏病是主要原因之一。

美国南部居民和中国人很少患上因过度焦虑而导致的心脏病，因为他们能以平和的心态处事。死于心脏病的医生是农民的20倍，因为医生过着紧张的生活，并为此付出了代价。

著名应用心理学家威廉·詹姆斯说：“上帝或许会宽恕我们的罪过，可我们自己的神经系统却不会。”

每年自杀的美国人比死于五大最常见传染病的人还要多，这是一个令人吃惊甚至难以置信的事实。

为什么会这样呢？答案主要是：焦虑。

过去，中国一些残忍的军阀为了折磨俘虏，会把他们的手脚捆绑起来，放在一个装满水的袋子下面，让水不断嘀嗒嘀嗒地落下，日夜不停。这些水不停滴落在头上，其声音最后似乎变成了锤子敲打的声音，能让那些俘虏发疯。这种折磨人的刑罚在西班牙宗教法庭和希特勒统治下的德国集中营都曾使用过。

焦虑就像不停滴落的水滴；而那不停滴落的焦虑，经常使人精神失常以至自杀。

我小时候生活在密苏里州的乡下，有一次听布道家比利·森戴描述来世地狱烈火的情景，当时被吓得半死。可是他却从来不曾提到，此时此刻，焦虑者可能正经受现实痛苦带来的地狱烈火。例如，倘若你长期处于焦虑状态，总有一天会患上心绞痛，这是人类所经受的最不堪的痛苦之一。

这种病一旦发作起来，会让你痛得哭天喊地。你的叫喊声会令但丁在《地狱篇》中所描写的声音也相形见绌，宛如“玩具城宝宝”乐队的演奏了。那时你就会对自己说：“哦，天哪，天哪！要是能让我好起来的话，我永远也不会再为任何事忧虑了——永远也不会了。”（如果你认为我在夸大其词，那就问问你的家庭医生吧。）

你热爱生命吗？你想健康长寿吗？下面的方法就可以帮你实现。我又要引述卡雷尔博士的话了，他说：“在现代城市的喧嚣中，只要保持内心平静，你就不会受心理疾病的困扰。”

在现代城市的喧嚣中，你能否保持内心的平静呢？如果你是一个正常人，答案应该是：“能，肯定能”。我们中的大多数人远比我们想象的更为坚强。我们内心蕴藏的潜能也许从来都未曾被发掘。正如梭罗在他不朽的名著《瓦尔登湖》中所说的那样：

“毋庸置疑，人类能够通过坚强的意志力去提升自己的生活质量，我不知道还有什么比这种能力更令人振奋的了。如果一个人满怀信心地朝着他的理想迈进，努力追求他所期望的生活，他就一定会获得常人难以企及的成功。”

我相信，本书的许多读者都具备和奥尔加·贾维一样的意志力和潜能。她的联系地址是爱达荷州科达伦市892信箱。她发现，即便在最悲惨的情况下，自己也能够克服忧虑。我坚信，只要应用好本书中讨论到的亘古不变的真理，我们也能做到这点。下面就是奥尔加·贾维的故事，她把它写下来给了我：

“8年前，医生宣告了我的死刑，说我会因癌症的痛苦折磨而缓慢死去。当时国内最好的医生梅奥兄弟也证实了这种诊断。我的人生走进了死胡同，死神对我虎视眈眈！我还年轻，我不想死！绝望之中，我给在凯洛格的主治医生打了电话，向他哭诉我内心的绝望。他有些不耐烦地呵斥我说：‘奥尔加，你怎么了？难道你一点儿斗志也没有了吗？你要是一直这样哭下去的话，那你真的死定了。不错，你确实是碰上了最坏的情况。那就面对现实，抛开忧虑，然后再想办法加以改善。’就在那一刹那，我当场发了一个誓：我将不再忧虑，不再哭泣！如果还有什么让我关心的事，那就是我一定要赢，我一定要活下去！我发誓的时候异常郑重，连手指甲都掐进了肉里，而且背上透出了一股寒意。

“病情发展到这个阶段，医生已经不能采用镭射线照射，一般每天只能用X光照射10分钟，持续30天。但他们每天为我用X光照射14.5分钟，持续了49天。虽然我已经瘦骨嶙峋，宛如光秃秃的山坡上凸起的石头，虽然我的两只脚像是灌满了铅，我却并不担心，也没哭过一次！我面带微笑！是的，我强迫自己露出笑颜。

“我不会傻到认为只要微笑就能治愈癌症。但我确实相信，乐观的心态有助于身体抵抗疾病。不管怎么说，我创造了一次治愈癌症的奇迹。现在，我比几年前活得更健康，这得感谢麦卡弗里医生那句富于挑战性和战斗性的话：“面对现实，抛开忧虑，然后再想办法加以改善！”

在结束本章的时候，我想重复一下它的标题，就是卡雷尔博士的那句名言：

“不懂得如何排解焦虑的人容易早逝。”

先知穆罕默德狂热的追随者们总是将引自《可兰经》的诗句刺在胸前。我希望本书的读者也将这一章节的标题刺在胸前：“不懂得如何排解焦虑的人容易早逝。”

卡雷尔博士说的就是你吗？

或许吧。

小结

认识焦虑

法则一：

如果你想远离焦虑，就按威廉·奥斯勒爵士所说的去做：生活在“完全独立的今天”，不要为将来忧心忡忡，只要过好这一天。

法则二：

下次再碰上麻烦，感觉陷入绝境的时候，试试威利斯·开利的“神秘处方”：

a.问问你自己，“如果我无法解决这个问题，可能产生的最坏结果是什么？”

b.如果你别无选择，那就从心理上接受它。

c.沉着应对，设法改善内心业已接受的最坏结果。

法则三：

提醒自己，焦虑会使你付出健康方面的惨重代价，“不知道如何排解焦虑的人容易早逝。”

编辑荐语：

你有没有过因为焦虑而引起的生理反应呢，写下来，看看焦虑给你带来了多少危害。

读书笔记：

第二章　分析焦虑的基本方法

1 如何分析和解决焦虑问题

我有六个忠实的仆人

(他们教会我所知的一切);

他们的名字是：事件、原因、时间、方式、地点、人物。

——拉迪亚德·吉卜林

用第一部分第二章提到的开利的“神秘处方”，能解决所有的焦虑问题吗？当然不可能。

那么，应该怎么办呢？答案是：我们要通过学习以下三个分析问题的基本步骤来武装自己，以便解决各种焦虑带来的困难。这三个步骤是：

1. 获取事实材料
2. 分析事实材料
3. 做出决断并付诸行动

就这么简单？不错，这是亚里士多德教导别人并切身运用过的。如果想解决那些侵扰着我们、让我们日夜如临地狱的难题，那么我们也必须用上这种方法。

我们先来看第一步：获取事实材料。为什么获取事实材料如此重要呢？因为只有把事实查清楚，才有可能理智地解决问题。弄不清事实，我们就只能在混乱中一筹莫展。你以为这是我的想法？不是，这是已故的郝伯特·霍克斯的思想，他在哥伦比亚大学哥伦比亚学院当了22年的院长，帮助过20万个学生解决了焦虑问题。他曾对我说，“困惑是产生焦虑的主要原因”。他是这样说的：“世人的焦虑，大多是因为对事实缺乏了解就试图做出决断。譬如说，我碰上了一个问题，必须在下周二下午3点之前予以解决。那么在下周二之前，我肯定不会尝试就此做出任何决定。在这段时间里，我会专注于获取有关这个问题的所有事实情况。我不会焦虑，不会为此忧心忡忡，也不会辗转反侧。我只会专心致志获取事实。等到了星期二，如果我已经弄清了全部的事实，那么问题基本就迎刃而解了。”

我问霍克斯院长，这是否说明他已彻底战胜了焦虑呢？他答道：“是的，可以坦率地说，我现在的生活几乎与焦虑不沾边儿了。我发现，一个人如果致力于公正、客观地查清事实真相，他的焦虑就会在智慧之光照耀下烟消云散。”

请允许我重复一下他的话：“一个人如果致力于公正、客观地查清事实真相，他的焦虑就会在智慧之光的照耀下烟消云散。”

可是我们大多数人是怎么做的呢？如果我们还算关注事实的话——托马斯·爱迪生非常严肃地说过：“人们懒得思考问题，

为此会不择手段。”——如果我们还算关注事实的话，也只是像猎狗一样，紧盯着那些我们已经考虑到的部分，却忽视了其他一切。我们只想获得支持自己行为的事实——这些事实轻而易举就满足了我们的主观愿望，让我们先入为主的偏见得到合理的解释。

正如法国作家安德烈·莫洛亚所说：“任何事情，只要与我们的个人愿望一致，似乎就是可信的，如果不一致则会让我们大为光火。”

既然这样，我们找不到解决难题的答案还有什么好奇怪的呢？如果我们就是认为2加2等于5，那么在做二年级的算术题时不也会遇到同样的困难吗？可是，这世界上就有很多人，坚持认为2加2等于5，甚至是等于500，从而把自己和他人的生活搞得一团糟。

对此，我们能怎么办呢？我们在思考问题的时候要排除个人情感，就像霍克斯院长说的那样，必须公正、客观地弄清事实真相。

这对于深陷焦虑之中的人们来说并非易事，因为我们焦虑的时候往往情绪激动。不过，我找到了两种办法，可以帮助我们解决这个问题，从而以纯粹、客观的态度对待事实情况：

1. 在获取事实材料的时候，我假装不是在为自己，而是为他人搜集信息，这样有助于我保持冷静和公正，也可以帮助我剔除个人情感因素。

2. 在搜集与那些引起焦虑的问题有关的事实材料时，我有时会设想自己是对方的辩护律师。换句话说，我要尽可能获得一切对我不利的情况——一切违背我的初衷、让我不愿面对的情况。

然后我把正反两方面所有事实情况都记录下来，一般都会发现，真理其实就存在于这两个极端之间。

我想强调的是，无论你我，甚至是爱因斯坦或美国最高法院，都无法在查明事实真相之前对任何问题做出明智的决断。托马斯·爱迪生知道这一点。他去世的时候，留下了2500本笔记，里面记满了他所面临的各种问题的事实根据。

所以，解决问题的第一个原则是：获取事实材料。让我们效仿霍克斯院长的做法吧：在尝试解决问题之前，以公正的态度弄清全部的事实。

然而，仅仅获取全部的事实材料并不能给我们带来什么好处，我们还要对它们加以分析、判断。

代价不菲的经历让我发现，把事实写下来再做分析，这样要容易得多。实际上，把事实写在一张纸上并且说清我们的问题，就已经对我们做出合理的决定大有帮助了。正如发明家查尔斯·凯特林所说的："把问题陈述清楚，问题就已经解决了一半。"

下面我给大家举个例子，来看看这种说法的实效。中国人有种说法，叫"百闻不如一见"。就当我给大家展示的是一幅可以看见的画吧，看看人家是怎么把我们正在谈论的东西转化为实际行动的。

就举盖伦·利奇菲尔德的例子吧。我认识他已经有些年头了，他是一个在远东地区非常成功的美国商人。1942年的时候，利奇菲尔德先生正待在中国。下面是他来我家做客时对我说的：

“日本佬偷袭珍珠港后不久就涌进了上海。我当时是上海亚洲人寿保险公司的经理。他们给我派来一个‘军方清算员’——他其实是个海军上将——并且命令我协助他清查我们公司的财产。我当时别无选择，要么和他们合作，要么看着办。这里的‘看着办’当然意味着死路一条。

“我只得奉命行事，因为我没有选择的余地。不过，有一笔大约75万美元的保险费，我没有填在那张要交给日军将领的清单上，因为这笔钱归我们香港分公司，跟上海公司的资产无关。不过，我还是很担心，怕万一日本佬发现我的所作所为，我就会陷入麻烦。他们果然很快就发现了。

“他们发现的时候我不在办公室，不过我的主办会计在场。他事后告诉我说，那个日本将军暴跳如雷，破口大骂，说我是小偷、叛徒！说我没把日本皇军放在眼里！我知道那是什么意思，我要被抓进桥楼里去！

“桥楼就是日本盖世太保的刑讯室！我有几个朋友宁愿自杀也不愿意被关到那个鬼地方。我的另外几个朋友在那里经受10天的刑讯折磨之后死掉了。现在轮到我进桥楼了。

“该怎么办？我是星期天下午听到的这个消息。我想，我应该吓坏了。要是没有找到解决问题的有效办法，我真会被吓死。多年以来，每次遇到忧心的事情，我总会坐到打字机前，写下两个问题，以及这些问题的答案：

1. 我担心的是什么？

2. 我能做什么？

“过去我尝试着给出答案，但不把它们写下来。但是几年前我就改变了做法。我发现，把问题和答案都写下来能让自己的思路更加清晰。

“所以，在那个周日的下午，我径直回到我在上海基督教青年会的住处，拿出打字机，开始写道：

1. 我担心的是什么？

我害怕明天早上会被抓进桥楼里。

2. 我能做什么？

“我花了几个小时思考这个问题，并将可以采取的四种措施以及可能产生的后果打了出来：

（1）我可以去向这位日本海军上将解释清楚。可是他“英语的，不说”，如果找个翻译来跟他解释，没准会再次惹毛他。那可能就意味着死亡，因为这家伙十分凶残，可能不愿多费口舌就把我扔进桥楼了。

（2）我可以设法逃走。但是不可能。他们时刻监视着我，每天进出在基督教青年会的住处都要登记，如果我想逃走的话，极有可能被抓起来枪毙。

（3）我可以躲在房间里不再去办公室上班。但如果我这样做，那个海军上将会心生疑窦，很可能会派兵来抓我，然后直接把我关进桥楼，根本不给我说话的机会。

（4）星期一早上，我可以照常去办公室上班。那样的话，那个日本将军可能会因为忙昏了头而忘掉我做的那件事。即便他记起来了，也可能已经冷静下来，不再找我麻烦。如果真的这样，那我就万事大吉。万一他真的找我麻烦，我还有机会向他解释一番。所以，周一早晨若无其事地照常去办公室上班，这样我会有两次避开桥楼的机会。

“思索再三，我决定采取第四个办法：周一早晨照常上班。主意打定，我顿时如释重负。

“第二天早上我走进办公室，那个日本海军上将正坐在那儿，嘴上叼着一根香烟。他像平常一样瞅了我一眼，什么话也没有说。谢天谢地！六个星期后，他回东京去了，我的担心也就此结束。

“一次又一次的经验向我证明了做出正确决定的巨大价值。不能明确目标，不能跳出胡思乱想的怪圈，这是让人精神崩溃、遭受地狱般折磨的根源。我发现，一旦做出清晰、果断的决定，50%的焦虑情绪就烟消云散了，而另外的40%也将在付诸实施之际荡然无存。

“所以，按照以下四个步骤去实施，就能消除我90%的焦虑：

1. 清楚地写下我所担心的是什么；

2. 写下我可以做些什么；

3. 决定该做的事情；

4. 立刻按照决定去做。”

盖伦·利奇菲尔德现在是总部设在纽约约翰大街3号的斯塔

尔·帕克·弗里曼公司远东区总裁，掌管着大量的保险和金融业务。

事实上，就像我前面说过的那样，盖伦·利奇菲尔德是目前亚洲地区最重要的美国商人；他诚恳地告诉我说，他的成功在很大程度上应该归功于这种分析焦虑、正视焦虑的方法。

他的方法为什么这么好呢？因为它有效、具体，能直击问题的要害。而其中最关键的是不可或缺的第三个步骤：采取行动。

我们要采取切实的行动，否则收集事实并进行分析就像是迎风吹口哨——纯粹浪费精力。

威廉·詹姆斯说过这样的话："一旦下定决心，剩下的就是去执行了，此时要抛开一切顾虑，也不用关心结果。"（这里威廉·詹姆斯无疑把"关心"当作"焦虑"的同义词来用了。）他的意思是说，一旦你基于事实做出了慎重的决定，那就行动起来吧。不要左思右想；不要游移不定，裹足不前；不要怀疑自己，那只会让自己迷失，引来更多的疑虑；不要再三回头张望。

有一次，我问起俄克拉荷马州最成功的石油商人韦特·菲利普，他是如何执行自己的决策的。他说："我们不停地思考问题，一旦过度就会造成困惑和焦虑。有的时候，过多的查证和思索反倒无益。有的时候，我们必须下定决心，坚决执行，绝不回头。"

你何不马上运用盖伦·利奇菲尔德的方法来解除你的焦虑呢？

以下是：

问题一：我在担心什么？（请用铅笔把问题的答案写在下面的空白处。）

问题二：我能做些什么？（请在下面的空白处写上你对这个问题的答案。）

问题三：我准备采取的措施。

问题四：我什么时候开始行动？

编辑荐语：

你何不马上运用盖伦·利奇菲尔德的方法来解除你的焦虑呢？

问题一：我在担心什么？

问题二：我能做些什么？

问题三：我准备采取的措施。

问题四：我什么时候开始行动？

读书笔记：

2　如何消除工作中50%的焦虑

如果你是个商务人士，你可能立刻就会想：“这一章的标题真搞笑，我干这行已经19年了，要说方法我比谁都更有谱，居然有人想要来教我怎么消除除工作中50%的焦虑，太可笑了！”

一点儿不错。如果我在几年前看到这样的标题，也会有同样的感觉。它承诺了太多的东西，但承诺是廉价的。

坦白说吧，也许我的确不能帮你消除除50%工作上的焦虑。不过话说回来，除了自己，没有人能做到这一点。但我能让你看看别人是怎样做到的，剩下的就要看你自己了。

或许你还记得我在前文引述过的卡雷尔博士的那句话，他是这么说的：“不知道如何排解焦虑的人容易早逝。”

既然焦虑的后果如此严重，那么，如果我能帮助你消除哪怕只有10%的焦虑，你也应该感到满足了吧？对吗？很好！下面我就给你讲一个企业主管的故事，他不但消除了50%的焦虑，还节省了75%之前用于开会、讨论解决业务问题的时间。

而且，我跟你讲的故事千真万确，其主人公并非“张三”或“李四”，也不是“我在俄亥俄州的某个熟人”，这些语焉不详的说法大家都无法核实。它牵涉到一个真实存在的人——利昂·希姆金，他曾经是西蒙舒斯特公司的股东及总经理，该公司是全美最大的出版机构之一，位于纽约州纽约市的洛克菲勒中心。

以下是他亲口讲述的个人经历：

15年来，我每天上班几乎都要把一半的时间用在开会和讨论问题上。我们讨论该这样做还是那样做？或者什么都不做？我们情绪紧张，坐立不安，走来走去，争吵不休。一天下来，我已经精疲力竭，真以为后半生就要这样度过了。我已经这样过了15年，从来没想过还有什么更好的做法。如果有人对我说可以减少3/4用于开会的让人头疼的时间，可以消除3/4的精神压力，我一定会认为他是在睁着眼睛说瞎话，纯粹是马大哈式的纸上谈兵而已。然后，我却发明了一个能实现这个目标的方法。这个方法我已经用了8年，它使我的工作效率和身心健康都得到了意想不到的改善。

这听起来像魔术似的，但是正如所有魔术戏法一样，当你看清它的过程的时候，它就显得极其简单了。

这个方法的秘诀在于：首先，我立即终止了15年来遵循的会议流程。按照这个流程，我那些焦头烂额的同事们总会先向我详细汇报公司运作中的各种问题，然后以“我们该怎么办？”收尾。其次，我订下一条新规定，任何想向我汇报问题的人，必须先准备好一份书面报告，要能回答以下四个问题：

1. 出了什么问题?

(以前我们常常花上一两个小时开会，却没有人明了真正的问题出在哪里。我们往往心烦气躁地讨论问题，却没想过把问题明确地写下来。)

2. 造成问题的原因是什么?

(回顾职业生涯，我无比惊讶地发现，我们浪费了那么多时间在开会上，却从来没有想过去找出问题的根结所在。)

3. 解决问题的可能方案有哪些?

(过去，会议上每个人都可能提出一个解决方案，而其他人则可能会反驳他，气氛会火爆起来。我们常常偏离了会议的主题，等会议结束，谁也没有记下那种种解决问题的措施。)

4. 你倾向于用哪种办法?

(过去开会，参会的人可能已经为某一困局担心了几个小时，他不停地绕着圈子，却没有通盘考虑所有可能的解决办法，然后说“我建议这么办”。)

现在，我的同事已经很少拿着问题来找我了。为什么呢?因为他们发现，为了找到上述四个问题的答案，他们得弄清问题的来龙去脉，将其通盘考虑。做完这些工作，他们发现，有3/4的问题根本不用跟我商量，因为合适的解决方案已然出现，就像面包片从烤面包器中自动跳出来一样。即使遇到非协商不可的问题，讨论所花的时间也不过是原来的1/3，因为整个过程条理清晰，合乎逻辑，得出合理的结论也就水到渠成了。

现在，如果有什么问题，西蒙舒斯特公司很少花时间去担心和空谈，而是采取更多的实际行动去解决那些问题。

我的朋友法兰克·贝特格是美国保险业的顶尖推销员，他告诉我，他采用类似的方法，不仅消除了工作中的烦恼，而且收入也几乎翻番了。

法兰克·贝特格这样说道：

几年前，我刚开始推销保险时，对这份工作充满了无限的激情与热爱。后来出了点儿事，我非常气馁，开始讨厌这份工作，并考虑到要放弃它。一个星期六的早晨，我突然有了坐下来寻找焦虑根源的想法，若非如此，我想我早就放弃了。

1. 首先，我问自己："到底出了什么问题？"问题在于：我打了无数的电话，却没有收到应有的回报。我在推销的过程中表现得似乎不错，可最终却无法签订合同。客户会说："嗯，我再考虑考虑，贝特格先生，下次再来找我吧。"就这样，我浪费了许多时间在随后的回访电话上，这让我非常沮丧。

2. 我问自己："可能的解决办法是什么？"为了回答这个问题，我得琢磨事实材料。于是我拿出过去12个月的工作记录，研究起上面的数字来。

我有了一个惊人的发现！我发现所卖的保险中，有70%是在第一次见面时成交的，这些都白纸黑字地写在那儿呢。还有23%是在第二次见面时成交的。只有7%是我在三番五次的拜访之后签订的，就是它们让我疲惫不堪，还耗费了我的时间。换句话说，我把一半的工作时间浪费在7%的销售额上面了！

3. "该如何解决呢？"答案显而易见。我立刻取消了超过两次的拜访，把省下来的时间用于建立新的客户关系。这样做的结果是令人难以置信的。在很短的时间里，我每个拜访电话创造的现金价值几乎翻了一番。

正如我前面所说，法兰克·贝特格成了美国最知名的寿险销售员之一。他现在就职于费城的富达人寿保险公司，每年签下的保单价值达100万美元。就是他，差点儿放弃了他的工作，差点儿认了输，直到对问题做出分析，才让他重拾信心，最终走上了成功之路。

你能把这些问题用于解决自己生意上的问题吗？我再说一遍，它们可以消除你一半的烦恼。这些问题是：

1. 问题是什么？
2. 造成问题的根源是什么？
3. 解决这个问题的可能方案有哪些？
4. 你觉得应该采用哪种方案？

小结

分析焦虑的基本方法：

规则一：

收集事实，记住霍克斯院长所说的："世人的焦虑，多半是因为人们对产生焦虑的事实缺乏了解而妄下结论所产生的。"

规则二：

在仔细权衡全部事实之后再做决定。

规则三：

一旦做出慎重的决定，就立即采取行动！积极施行自己的决定，不要为结果担忧。

规则四：

当你或你的同事为某个问题焦虑时，请列出下面的问题，并给出答案：

a)问题是什么？

b)造成问题的根源是什么？

c)解决这个问题的可能方案有哪些？

d)最佳的解决方案是什么？

编辑荐语：

来把大师的问题写下来试试看。

你能把这些问题用于解决自己生意上的问题吗？我再说一遍，它们可以消除你一半的烦恼。这些问题是：

1. 问题是什么？

2. 造成问题的根源是什么？

3. 解决这个问题的可能方案有哪些？

4. 你觉得应该采用哪种方案？

读书笔记：

第三章　抢占先机　击败焦虑

1 不给焦虑生存空间

我永远都不会忘记几年前的那个夜晚，马里恩·道格拉斯当时还是我班上的一名学员。（我没有使用他的真实姓名，出于个人的原因，他要求我不要暴露他的身份。）但是，他在我开设的一个成人教育班上讲述的这个故事却是真实的。他告诉我们说，他的家庭祸不单行，遭受了不幸的双重打击。第一次，他失去了非常疼爱的5岁女儿。他和妻子都觉得丧女之痛是难以承受的；但是，他说道："10个月后，上帝赐给了我们另外一个女儿——可她出生5天就夭亡了。"

接二连三的打击让他痛不欲生。这位父亲说道："我难以承受这一切。寝食难安，休息不好，也没法放松，精神完全崩溃，自信心也丧失了。"最终他去看医生，其中一位建议他吃安眠药，另一位则建议他去旅行。他两个方法都尝试了，但哪个也不管用。他说道："我的全身好像被夹在一个台钳里，而且钳口愈夹愈紧。"这是悲伤带来的压力，如果你曾经历伤痛，就能理解他的意思了。

“不过，感谢上帝，我还有一个4岁的儿子，是他解决了我的问题。一天下午，我呆坐在那里，沉浸在自怜的情绪中，这时他跑过来问我：‘爸爸，你能给我造一条小船吗？’我根本没有心思造船，其实我没心思做任何事情。可是我儿子是个很缠人的小家伙，我只得依着他。

“造那条玩具船大约花了3个小时，等到完工时，我突然发现，造船的这3个小时是我几个月来心态最为放松、平和的时光！

“这一发现让我如梦初醒，并让我做出了一番思考——这是我几个月来第一次真正意义上的思考。我发现，如果一个人忙于工作，需要为此做出周密的计划和思考时，就很难有空闲再去焦虑了。对我来说，制作小船这件事在和焦虑的搏斗中取得了胜利。于是，我决定让自己忙碌起来。

“第二天晚上，我逐个房间查看了一遍，把所有该做的事情列成一张清单。有好些东西需要修理，比方说书架、楼梯、防护窗、遮光帘、门把手、门锁、漏水的龙头等等。意想不到的是，两个星期内我竟然列出了242件需要做的事情。

“在过去的两年里，我已经完成了大部分要做的事情。此外，我还参加一些富于创造性的活动，来充实自己的生活。我每个星期都要花两个晚上到纽约上成人教育班；参加家乡的各种公益活动，现在还担任一所学校董事会的主席；出席各种会议；帮助红十字会和其他机构的活动募捐。现在的我忙得不可开交，已经没有时间去焦虑了。”

没时间焦虑！这正是丘吉尔在战事正酣时说过的话，那时他每天要工作18个小时。当别人问他，会不会因为责任重大而感到焦虑时，他回答说：“我太忙了，没有时间焦虑。”

查尔斯·凯特林在发明汽车自动点火器时，也遇到同样的情况。凯特林先生在最近退休之前一直是通用公司的副总裁，负责世界知名的通用汽车的研发工作。可是，当年他却是一贫如洗，只好用一个谷仓的干草棚做实验室。为了买实验材料，他不得不动用妻子教钢琴赚来的1500美元，后来又用人寿保险单抵押借了500美元。我问过他妻子，在那段时间有没有担心过，她说：“是的，我担心得睡不着觉。但是凯特林一点儿也不担心，他一心扑在工作上，根本没有时间担心。”

伟大的科学家巴斯特曾提到，“在图书馆和实验室里能找到平静。”为什么在那种地方能找到平静呢？因为身处图书馆和实验室的人们，大都全神贯注于工作，他们没有多余的时间来为自身烦恼。科研人员很少有心理问题，因为他们没有时间来享受这种“奢侈”。

为什么用“忙起来”这样简单的方法就能驱除焦虑呢？因为有一条法则存在——一条心理学所揭示的最基本法则。这条法则就是：无论一个人多么聪明，他都绝不可能在某个时刻同时思考两件事情。你不相信？那好，让我们来做一个实验。

现在设想你靠坐在椅子上，闭上双眼，试着同时去想自由女神像和你明天早上准备做的事情。（照着做，试试看。）

你是不是会发现，你只能轮流想其中的一件事，而不能同时两者兼顾？在情感领域也是如此。我们不可能满怀激情地去做某件让人兴奋的事情，却同时因焦虑而拖延下来，因为一种情绪会驱除另一种情绪。这个简单的发现让部队的心理医生在二战期间创造了奇迹。

一些人从战场上退下来的时候，因战争经历的打击而常患有“精神性神经症”，军医为此开出的处方就是：让他们忙起来。

醒着的时候，这些受过精神创伤的人每一分钟都在不停地活动：钓鱼、打猎、踢球、打高尔夫、摄影、园艺以及跳舞等，根本不让他们有空闲去回想那些恐怖的经历。

“工作疗法”是目前心理学上使用的一个术语，就是把工作当成治疗疾病的处方。古希腊医生早在公元前500年就已经倡导这种方法了。

在本·富兰克林时代，费城贵格会的教众也曾使用过这种办法。1774年有人去访问贵格会的疗养院时，发现那些精神病人正忙着纺纱，感到很惊奇。他认为这些可怜的人是在遭受剥削，后来贵格会的人解释说，让病人稍稍做点儿事，其实有利于改善他们的病情，工作可以帮他们稳定情绪。

每个心理医生都会告诉你，对于患有精神疾病的人来说，工作——即保持忙碌——是已知最好的麻醉剂之一。著名诗人亨利·瓦·朗费罗在失去年轻的妻子之后，也明白了这个道理。一天，他的妻子在蜡烛上熔化火漆的时候，不小心点着了衣服。朗费罗听到了她的尖叫，急忙赶来救她。但她还是因为烧伤去世了。在一段时间内，朗费罗深陷那次恐怖经历的记忆之中，备受折磨，几乎精神失常。幸运的是，他还有三个年幼的孩子需要照料。尽管自己无比悲痛，朗费罗还是承担起父亲和母亲的双重职责。他带他们出去散步，给他们讲故事，和他们一起玩游戏，并通过诗歌《孩子们的时光》让他们父子间的感情得到了永生。他还翻译了但丁的作品。这些工作让他忙得一刻不停，彻底忘掉了自己，从而重新获得了心灵的平静。正如作家丁尼生在失去最亲密的朋友亚瑟·哈勒姆时所说过的："我必须让自己忙碌起来，否则我会在绝望中沉沦。"

对大多数人来说，在勤奋不懈或日常工作时，似乎不难做到"让自己忙碌起来"。但是工作之余的时光是很危险的，就在我们理应享受余暇、体味幸福的时候，"焦虑"这个恶魔就会朝我们袭来。此时的我们开始思索自己的人生是否有所成就，生活是不是过于单调，老板今天说的那句话是不是有什么"特殊的含义"，或者，我们是否开始谢顶。

无所事事的时候，我们的头脑常常近乎真空状态。每个学物理的人都知道，"大自然是不允许真空状态存在的"，你我见过的最接近真空的状态或许就是白炽灯的内部。灯泡一旦打破，大自然就会让空气一拥而入，填补理论上一片空白的地带。

大自然也会填补思想上的真空。用什么东西来填补呢？通常是用人的情绪。为什么？因为焦虑、恐惧、仇恨、嫉妒和羡慕等情绪受到强大的原始能量的驱使，会将我们内心所有平静、快乐的情绪赶出大脑。

哥伦比亚大学师范学院教育学教授詹姆斯·默塞尔说得很好：“忧虑不会在你忙碌时袭扰你，而总是在你一天的工作完成后攻击你。因为此时你的想象力会天马行空起来，让你产生各种各样怪诞的想法，每一个小问题都被放大。在这个时候，”他继续说道，“你的思维就像是一个没有负重的发动机，它恣意狂奔，要冲破束缚，甚至将自己毁灭。要消除焦虑，就要让自己完全投入，做点儿有意义的事情。”

当然不只是大学教授才明白这个道理，并将它付诸实践。二战期间，我碰到了一个来自芝加哥的家庭主妇，她讲述了自己如何发现“治疗忧虑的有效方法是完全投入地做点儿有意义的事情。”我当时正从纽约前往我在密苏里的农场，在餐车里，我遇到了这位女士和她的丈夫。（很抱歉，我没能记下他们的姓名——我在举例的时候总喜欢附上姓名和地址，这会增加故事的真实性。）

这对夫妻告诉我，他们的儿子在“珍珠港事件”发生之后的第二天就参了军。这位女士跟我说，她整天为这个唯一的儿子担心，差点儿毁掉了自己的健康：他到哪儿了？他安全吗？是否在作战？他会受伤吗？会牺牲吗？

我问她是怎么克服焦虑的，她回答说：“我让自己忙碌起来。”她告诉我，一开始，她把女佣辞退了，想自己承担起全部的家务，让自己忙碌起来，但这样做没多少效果。她说道：“问题在于，我做家务几乎完全是机械式的，根本不用动脑子，所以我还是在担心。在铺床、洗碗的时候，我发觉我必须得找一份新工作，能让我时时刻刻都全身心投入其中，于是我到一个大型百货公司去做售货员。”

“这下解决问题了，”她说道，“我发现自己立刻百事缠身：顾客将我团团围住，询问价钱、尺寸、颜色等等问题，除了工作，我没有一秒钟去想其他任何事情。到了晚上，我只想如何才能缓解双脚的疼痛。一吃完晚饭，我倒头便睡，既没有时间，也没有精力再去担心什么。”

她的发现，很像约翰·考柏·波伊斯在《忘掉不快的艺术》一书中所说的：“当人类专注于自己的分内工作时，一种舒适的安全感、一份内心深处的宁静和一丝幸福的迟钝感觉会抚慰他的心灵。”

人生如此，何其幸福！

世界最著名的女冒险家奥莎·约翰逊不久前向我讲述了她是怎样从焦虑和悲伤中解脱出来的。你可能读过关于她的故事，书名叫作《与冒险相伴》。如果说有哪位女性曾经与冒险为伴的话，那她肯定当仁不让。她16岁的时候嫁给了马丁·约翰逊，双脚自此离开了堪萨斯州沙努特市的人行道，踏上了婆罗洲荒野丛林中的小径。25年间，这对来自堪萨斯的夫妇一起周游世界各地，把亚洲和非洲濒临灭绝的野生动物拍摄成纪录片。9年前，他们回到美国做巡回演讲，为人们放映他们著名的影片。有一次，他们乘飞机从丹佛前往西海岸。这架飞机撞在了山上，马丁·约翰逊当场身亡，医生们诊断说，奥莎永远也下不了床了。但是他们不了解奥莎·约翰逊。三个月之后，她就坐着轮椅，为大量观众做讲座了。事实上，她在那段时间发表了100多场演讲。当我问她为什么这样做的时候，她回答说："我这么做就没有时间再去悲伤和焦虑了。"

奥莎·约翰逊发现的是一个世纪前丁尼生在诗句中曾阐述过的真理："我必须让自己忙碌起来，否则我会在绝望中沉沦。"

如果你我正忧心忡忡，那就让我们记住，用古老的良药——工作来解决问题吧。这是已故的理查德·卡博特博士说的，作为哈佛大学临床医学教授，他不啻为这方面的权威。卡博特博士在其著作《人类生存的条件》中写道："作为一个医生，当看到许多因为难以控制的疑虑、踌躇、犹豫和恐惧等遭受心灵折磨的人们，通过工作得到康复，我就感到无比欣慰……工作带给我们的勇气，就像爱默生所提倡的自立一样，永远发出光辉。"

如果我们不能一直忙碌，而是坐在那里空想，就会产生许多被达尔文称为"胡思乱想"的东西，而它们会像传说中的妖怪一样掏空我们的思想，摧毁我们的意志。

我认识纽约的一个企业家，他用忙碌来赶走了那些"胡思乱想"，使自己没有时间去烦恼和焦虑。他叫特伦佩尔·朗曼，办公室在华尔街40号。他是我成人教育班的一名学员。他关于克服焦虑的讲述非常有意思，让我记忆犹新，于是，下课后我请他一起去吃夜宵，我们坐在餐厅里一直聊到深夜，探讨他的经历。下面就是他向我讲述的故事：

18年前，我因焦虑过度而患上了失眠症。我那时情绪紧张，脾气暴躁，特别敏感，我觉得自己快要精神崩溃了。

我的焦虑是有原因的。我当时在位于纽约西百老汇街418号的皇冠水果制品公司任财务经理。公司投资了50万美元，用于生产一加仑装的草莓罐头。20年来，我们一直把这种一加仑装的草莓罐头卖给制造冰激凌的厂家。突然有一天，我们的销售量急剧下降，原来，为了迅速增加产量并节省资金和时间，包括国家奶制品公司和波尔登公司在内的大型冰激凌制造商都转而购买桶装草莓了。

我们不仅积压了价值50万美元的草莓销售不出去，而且根据合同，在今后的一年之内，我们还必须继续买进价值100万美元的草莓！我们已经从银行贷款35万美元，现在，这些款项既无法还清，也无法延期。我的焦虑也就可以理解了。

我风风火火赶到公司位于加利福尼亚州沃森维尔市的工厂里，想要让我们的总经理明白，形势变了，我们正面临破产的厄运。但他不肯相信，却把全部责任推到纽约公司身上，说他们营销不力。

经过几天的努力，我终于说服他不再生产罐装草莓，并将那些新进的草莓拿到旧金山鲜果市场上销售。这样做基本解决了我们的问题。事已至此，我本应该不用再担心了。可是，我却做不到这一点。焦虑是一种恶习，而我已经染上了。

回到纽约之后，我开始担心每一件事情：公司在意大利购买的樱桃、在夏威夷采购的凤梨，等等，我精神紧张，难以入眠。就像我刚刚说过的那样，我的精神就要崩溃了。

在绝望中，我改变原有的生活方式，一举治好了失眠症，也不再焦虑。我想尽办法使自己忙碌，忙到必须付出全部的时间和精力，根本没有时间去焦虑。过去，我每天工作7个小时，现在我每天工作十五六个小时，每天清晨8点钟就到办公室，一直忙到深夜。我也开始承担新的工作，肩负起新的责任。等我子夜时分回到家中的时候，已经精疲力竭，倒在床上几秒钟便进入了梦乡。

这样的做法坚持了差不多3个月，此时我已经改掉了焦虑的习惯，于是又重新回到每天工作七八个小时的正常状态。这件事情发生在18年前，从那以后，我就再没有失眠和焦虑过。

萧伯纳精辟地说过："悲惨人生的根源就在于闲暇太多，于是庸人自扰地空想自己是否幸福。"他这么说是有道理的。所以，不必费心考虑这个问题！挽起袖子，干起来吧！你的血液会快速循环起来，你的意识也会运转起来。用不了多久，你身体里这一切积极向上的力量会将焦虑驱逐出你的大脑。动起来，保持忙碌状态，这是世上治疗焦虑最价廉物美的良药。

「要改掉焦虑的不良习惯，要做到：

原则一：

保持忙碌状态，焦虑的人必须让自己忙碌起来，否则就会在绝望中沉沦。」

编辑荐语：

如果不能马上放下焦虑,不妨写下你的焦虑,或许至少能放松点呢~

读书笔记：

2 不要被甲虫击败

下面是一个戏剧性的故事，它让我终生难忘。这个故事是罗伯特·摩尔告诉我的，他住在新泽西州的梅普尔伍德区海兰大街14号。

“1945年3月，我学到了此生最重要的一课，”他说道，“我是在中南半岛附近水域276英尺深的海下学到的，当时我在美国海军巴亚号潜艇（SS-318）上，潜艇上共有88名船员。我们通过雷达发现有一支日军小型舰队正朝我们这边驶来。黎明时分，我们浮向水面准备发起攻击。从潜望镜里我看到了一艘日本护航驱逐舰、一艘油轮和一艘布雷艇。

“我们向护航驱逐舰发射了3枚鱼雷，但都没有击中目标，几颗鱼雷的部件都出了问题。驱逐舰没有发现自己受到了攻击，继续向前行驶。正当我们准备攻击航行在最后面的布雷艇时，它突然调转方向，径直朝我们开来。（原来是一架日本飞机发现了我们的潜水艇，我们当时在水下60英尺的地方，飞机把我们的位置用无线电通知了那艘布雷艇。）为了防止被它侦查到，我们下潜到150英尺深的地方，并做好了应对深水炸弹的准备。我们给所有舱门都额外上了闩，为了让潜水艇完全静音，我们关闭了所有的风扇、冷却系统和所有的电器设备。

“3分钟后，所有的一切都天崩地裂了。6枚深水炸弹在我们四周爆炸开来，把我们的潜水艇冲击到水下276英尺深的海床上。我们恐惧万分，在不到1000英尺深的海水里，一旦受到攻击将会有很大的危险，如果不到500英尺，那将是致命的。但我们是在250多英尺深的水里受到的攻击，从安全角度看，这好比一个人躲在水里，而水只刚刚到他的膝盖。那艘日本布雷艇不停地投下深水炸弹，持续了整整15个小时。

“如果有炸弹在距离潜水艇17英尺以内的地方爆炸，其冲击波会在舰体上炸出一个洞来，而就有几十个这样的深水炸弹在我们周围50英尺范围内爆炸了。我们奉命‘停止工作’——静静地躺在自己的床上，保持镇定。我吓得几乎连气都喘不过来，不停地念叨：“这下死定了，这下死定了……”风扇和冷却系统关闭后，潜艇内的温度达到了华氏100多度，可我却因为害怕全身战栗，穿上一件毛衣外加一件衬了毛里的夹克，还是冷得发抖。我的牙齿咯咯作响，浑身冒出了冷汗。在持续了15个小时以后，攻击突然停止了，显然，那艘布雷艇在用光了所有的深水炸弹之后撤走了。这15个小时的攻击让我似乎地度过了1500万年。生命中的点点滴滴都开始浮现在我眼前。

“我想起了所有自己曾经做过的坏事，想起所有曾经让自己烦心、但其实荒谬不堪的小事。加入海军之前，我是一家银行的职员，曾经为漫长的工作时间、微薄的薪水和渺茫的升迁机会而焦躁。之所以烦心，是因为我无法拥有自己的房子，买不起自己的新车，也不能给妻子购买漂亮的衣服。我当时是多么痛恨我那个老板啊！他总是吹毛求疵、呼来喝去！我还记得，每晚下班回家，我都疲惫不堪，满腹怨气，为一点儿小事就会跟妻子吵个不休。我还担心额头的一块疤痕，那是在一次车祸中割伤的。

“几年前，这一切烦心的事情显得多么严重啊！可是，当深水炸弹可能将我送上西天时，它们显得那么荒谬。我当场对自己发誓，如果还能活着重见天日，我再也不焦虑了！永远、永远不会！在潜水艇中度过的这恐怖的15个小时里，我学到了人生的艺术，其内容比我在锡拉丘兹大学4年间从书本中学到的还要丰富得多。”

对于生活中的大灾大难，我们一般都能勇敢地面对，而一些类似“脖颈之痛”的小事却让我们心烦意乱。例如，萨缪尔·佩皮斯在他的《日记》里记述了目睹哈里·范内爵士在伦敦被砍头的整个经过：范内爵士上了断头台后，并没有请求饶他一命，而是求刽子手不要碰到他脖子上的疖疮！

这也是伯德少将在极地酷寒的黑夜里的又一发现——他手下的人对“脖颈之痛”比对重大事情更容易斤斤计较。他们辛苦钻井，尽管有危险、有困难，还有零下80度的酷寒，却毫无怨言。“可是我知道，”伯德少将说道，“因为怀疑对方乱放东西挤占了自己的空间，他们中有好几个同居一室却彼此不说话。我还听说，有个细嚼慢咽惯了的人，吃饭时总要郑重其事地嚼28下之后才咽下去，而另一个家伙则必须在食堂里找一个看不见此人的地方，否则就吃不下饭。

“在南极的营地中，”伯德少将说道，“训练有素的人都会被这类小事逼疯。”

伯德少将还可以加上一句，婚姻生活中的琐事同样会让人精神崩溃，“世上伤心事，半数因它起。”

至少，权威人士是这么说的。例如，芝加哥的约瑟夫·萨巴思法官在调解了4000多起婚姻纠纷之后总结道：“寻常琐事是婚姻不幸的根源。”纽约县地方检察官弗兰克·霍根也曾说：“刑事案件中有一大半都是小事引发的：酒吧里的逞强好胜、家庭中的口角纷争、轻蔑的话语、粗鲁的行为……正是这些琐事，导致伤害和谋杀。我们中间很少有人会遭到野蛮对待或蒙受不白之冤，只是因为尊严受损，被人怠慢，或虚荣心受到了一点儿小小的打击，就造成了世上半数的伤心事。”

罗斯福夫人埃莉诺刚结婚时，因为新厨师做不好饭而“担心了好几天”。罗斯福夫人说：“如果现在发生这种事情，我就会耸耸肩把它给忘了。”好极了，这才像个成年人应有的情绪反应。对厨师把饭做坏了这种事，就连独裁的叶卡捷琳娜大帝也只是一笑了之。

一次，我和我太太到芝加哥一个朋友家吃饭。他在切肉时出了点儿差错，我当时没注意到，即便注意到了，我也会不以为然。可是他妻子发现了，马上就当着大家的面斥责他：“约翰，你怎么搞的！难道你就永远也学不会切肉吗？”

随后，她又对大家说：“他老是犯错误，一点儿也不用心。”

也许他确实没有用心切肉，但我真佩服他能和她一起生活20年之久。说句心里话，我宁愿在祥和的气氛中吃几个抹着芥末的热狗，也不愿意一边听她责骂，一边吃北京烤鸭和鱼翅。

在那次经历之后不久，我和太太邀请了几个朋友来家里吃饭。就在他们快到的时候，太太突然发现有三块餐巾和桌布不搭配。

她后来告诉我："我立即冲到厨师那里，发现另外三条餐巾送去清洗了。客人已经到了家门口，也没有时间更换了。我急得差点儿哭了出来！我当时想到的是：'为什么会有这么愚蠢的错误，让它毁了我整个一晚上？'但我转念一想，为什么要让它毁了这一晚呢？于是我入席就餐，决定要度过一个美好的夜晚。结果我做到了。我宁愿让朋友们认为我是一个比较懒散的家庭主妇，也不想他们认为我是一个神经质、坏脾气的人。而且据我所知，根本没有人注意到餐巾的事。"

有一条众所周知的法律原则："法律不过问琐事。"焦虑的人也不应该为琐事烦心——如果他想保持内心平和的话。

大多数时候，如果想摆脱琐事的烦扰，我们只需转换关注的重心，在大脑中建立一个轻松愉快的全新视角即可。我的朋友荷马·克罗伊是《巴黎见闻》和其他十几本书的作者，他用鲜活的例子阐明了这种做法。过去在纽约的公寓里写作的时候，他常常被暖气片里的水声吵得快要发疯。每当坐在书桌前写作的时候，水蒸气发出的嘶嘶声让他烦躁异常。荷马·克罗伊说道："后来，我和几个朋友到野外露营，当我听到木柴在熊熊篝火中噼里啪啦作响时，我突然想到，这些声音和暖气片里的响声是何其相似啊，我为什么会喜欢这个声音而讨厌那个声音呢？在回家的路上，我告诫自己说：‘火中干柴的烧裂声是悦耳的声音，暖气片里的声音也差不多啊！我完全可以蒙头大睡，不去理会这些声音。’我真的这么做了。开始几天我还会想着暖气片，不过很快我就完全把它遗忘了。

“其实生活中很多烦心小事也是如此。我们讨厌它们并忧心如焚，只因为我们夸大了它们的严重性……”

迪斯累利说：“人生何其短，岂容琐事烦。”安德烈·莫洛亚在《本周》杂志中撰文说：“这句格言曾经帮助我挺过了很多痛苦的经历。我们常常任凭一些本该不屑一顾的小事扰乱我们的心神。我们来到这个世界上，只有短短几十年的光景可活，而我们却耗费了很多不可逆转的时间，为那些一年之内就会被忘得一干二净的小事纠缠不清。不，让我们把毕生的精力投入到有价值的行动上去，去为伟大的思想、真挚的感情和永恒的事业而奋斗！因为人生短暂，不该再为琐事虚度光阴。”

即使像作家拉迪亚德·吉卜林这样光芒四射的人物，有时候也忘了“人生何其短，岂容琐事烦”这句格言。结果怎样呢？他和他妻弟打了佛蒙特州有史以来最有名的一场官司，甚至有人专门写了一本书，名叫《吉卜林的佛蒙特恩仇》。

故事是这样的：吉卜林娶了佛蒙特州的一个女子卡罗琳·巴莱斯蒂尔为妻，他们在布莱特尔博罗造了一所漂亮的房子，准备在那里安顿下来度过余生。他的妻弟贝蒂·巴莱斯蒂尔成了吉卜林最好的朋友，他们俩一起工作，一起游玩。

后来，吉卜林从巴莱斯蒂尔手里买了一块地，双方事先约定，巴莱斯蒂尔可以每季在那块地上收割牧草。突然有一天，巴莱斯蒂尔发现吉卜林要在那片草地上建一座花园，他顿时热血沸腾、暴跳如雷，吉卜林也立刻予以回击，让佛蒙特的郁郁青山笼罩在一片硝烟之中。

几天后，吉卜林骑自行车出去游玩，巴莱斯蒂尔驾着一辆几匹马拉的车突然横穿马路，逼得吉卜林摔了一跤。吉卜林曾经写道，“如果所有人都失去理智，咒骂你，你仍能保持头脑清醒”，可是他也失去了理智，不依不饶，非让人把巴莱斯蒂尔拘捕了起来。随后进行了一次轰动全国的审判，各大城市的记者都涌进这个小镇，消息很快传遍了全世界。最终什么问题也没解决，而吉卜林和他的妻子却因此被迫永远离开了他们在美国的家。这一切闹心的痛苦皆因一桩小事而起，一担干草而已！

伯里克利在24个世纪之前曾说过：“算了吧！各位！我们在琐事上纠缠太久了。”是的，我们的确如此。

下面这个有趣的故事是哈瑞·爱默生·富斯狄克博士讲过的，它讲述了一棵森林巨树所经历的成与败。

在科罗拉多州的朗斯峰山坡上，横卧这一棵巨大的枯树，植物学家告诉我们，它已经屹立了400多年。哥伦布在圣萨尔瓦多登录的时候，它还是一棵幼苗；当清教徒到达普利茅斯并在那里定居下来时，它也才半大不小。在漫长的生命里，它曾先后14次被闪电击中。4个世纪以来，它经历了无数次狂风暴雪的侵袭，都挺了过来。但在最后，一群甲虫的攻击却让它轰然倒塌。那些虫子咬破树皮，并逐渐侵入树心，它们微小却永不停歇的攻击伤了树的元气。这棵森林中的巨树，岁月不曾使它枯萎，闪电不曾将它击倒，狂风暴雨不曾使它屈服，却最终倒在一群用手指就能碾死的甲虫面前。

我们不都像森林中那棵身经百战的大树吗？我们不也顽强地经历了生命中偶尔出现的狂风暴雨和雷鸣闪电，却让手指即可捏碎的“焦虑小虫”吞噬了我们的内心？

几年前，我和怀俄明州公路局局长查尔斯·塞弗雷德先生，还有其他朋友们一起去提顿国家公园参观约翰·戴·洛克菲勒的一处庄园。可是我乘坐的车转错了方向，比其他车晚了一个小时才到达庄园的入口。塞弗雷德先生拿着那把开启大门的钥匙，所以他就在那个闷热的、蚊虫肆虐的树林中等了我们整整一个小时。那里的蚊子多得足以把圣贤逼疯，但是它们奈何不了查尔斯·塞弗雷德。在等我们的时候，他从一棵白杨树上砍下一截树枝，将它做成了一个哨子。我们到达的时候，他是在咒骂那些蚊子吗？没有，他在吹那个哨子呢。我把那个哨子保存了下来，以此纪念那个懂得如何处理琐事的人。

「要抢占先机，击败焦虑，要做到：

原则二：

不要被生活中本该不屑一顾的琐碎小事扰乱了自己的心神。

记住，“人生何其短，岂容琐事烦。”」

编辑荐语：

“人生何其短，岂容琐事烦。”大声念三遍！

读书笔记：

3　战胜焦虑的定律

孩提时代，我生长在密苏里州的一个农场里。有一天，正在帮妈妈往坑里载樱桃树的时候，我突然哭了起来。妈妈问：“戴尔，你到底为什么哭啊？”我嗫嚅道：“我担心自己会被活埋掉。”

那段时间，我内心总是充满焦虑。风暴来临的时候，我忧心忡忡，害怕被闪电劈死；生活艰难的时候，我提心吊胆，害怕会被饿死；我担心死后会下地狱；我怕一个叫山姆·怀特的比我大的男孩，他曾威胁我，要割下我的大耳朵；我担心女孩子在我脱帽向她们致敬时会取笑我；我担心将来没有一个女孩子愿意嫁给我；我还担心结婚后该跟妻子说什么。我想象着我们在某个乡村教堂举办婚礼，再坐顶部饰有穗带的漂亮马车回到农场……可是在回去的马车上，我该怎样让谈话进行下去呢？怎么办？怎么办？我跟在犁铧后面，一连好几个小时都在考虑这个惊天动地的大事。

随着岁月的流逝，我慢慢发现，我所担心的事情中，99%都没有发生。

比如，我前面说过，我曾经特别害怕被雷电劈死，但是现在我知道，根据国家安全委员会的说法，我任何年份遭雷击死亡的概率都只有大约35万分之一。

我担心自己被活埋则更可笑，我想1000万个人中也不见得有一个被活埋的，可我却曾为此担忧哭泣。

现在，每8个人里就有一个会死于癌症。如果我一定要为什么事情担心的话，那也应该是担心得上癌症，而不是被闪电劈死或是被活埋。

诚然，我刚才提的都是青少年时期的焦虑情绪。可事实上，我们很多成年人的焦虑也同样的荒谬。如果暂且抛开烦忧，依据平均律来衡量一下所有焦虑究竟值得不值得，我们就可能消除九成的焦虑。

全世界最有名的保险公司——伦敦劳合社——之所以能赚得盆满钵满，就是利用了大家对一些不太可能发生的事情的担忧心理。劳合社是在和人们进行一场赌博，赌的就是他们担忧的事情永远都不会发生。当然他们不叫它“赌博”，而称之为“保险”。实际上，这就是基于平均律的一种赌博。这家大保险公司已经兴旺了200年，除非人类的天性有所改变，否则它仍将继续兴旺5000年，其手段就是为一些鞋子、船舶和封蜡提供灾害保险，而根据平均律，这些灾害是不会像人们想象的那样频繁发生的。

如果研究一下平均律，我们经常会发现许多令人震惊的事实。例如，假如我知道自己在5年之内必须得参加一场像葛底斯堡战役那样惨烈的战争，一定会感到害怕。我会买进全部人寿保险，写好遗嘱，把所有的世俗事务安排得井井有条。我会说：“我可能无法活着从战争中回来，所以我得充分享受剩下的岁月。”但事实上，依据平均律，在和平时期从50岁活到55岁跟参加葛底斯堡战役一样危险，同样会让人送命。我的意思是说，在和平时期，50到55岁之间的千人死亡率和葛底斯堡战役里16.3万名士兵的千人阵亡率是一样的。

这本书中的几个章节是我在詹姆斯辛普森创建的纳塔吉旅馆中写完的，它位于加拿大落基山脉上的弓湖边。一年夏天，我在那里逗留期间遇到了从旧金山来的赫伯特·塞林格夫妇，他们住在旧金山市太平洋大街2298号。塞林格夫人是一个稳重端庄的女性，在我的印象中她好像从未曾焦虑过。一天晚上，在熊熊燃烧的壁炉边，我问她有没有因为焦虑而造成困扰。她回答说：“困扰？我的生活差点儿都被焦虑毁掉了。在学会克服焦虑之前，我过了11年地狱般的生活，而且都是自找的。那时我脾气不好，性格暴躁，生活在非常紧张的情绪之下。每个星期我都坐公共汽车从圣马特奥的家到旧金山买东西，即便是在购物的时候，我也会张皇失措：我是不是把电熨斗放在熨板上没有拿下来？家里会不会着火？女佣是不是丢下孩子跑了？孩子们会不会骑着自行车出去被汽车撞死了？我常常因担心而冷汗直冒，只好冲出商店跑回家去，看看一切是否安然无恙。也难怪我的第一次婚姻会以灾难告终。

“我第二任丈夫是个律师，性格沉稳，能够对事情作深入分析，他从不为任何事情焦虑。每当我紧张焦虑时，他就会对我说：‘轻松点，我们合计一下……你真正担心的到底是什么呢？我们研究一下平均律，看看这种事情是否有可能发生。’

“记得有一次，我们从新墨西哥州的阿尔伯克基开车前往卡尔斯巴德洞窟，在一条土路上遇到了一场可怕的暴风雨。

“车子不停地打滑，难以控制。我想我们准会滑到路边的沟里去，可我丈夫一直对我说：‘我现在开得很慢，不会出事的。就算车子滑到沟里，按照平均律，我们也不会受伤。’他的冷静和自信让我慢慢镇静了下来。

“还有一年夏天，我们到加拿大落基山脉的托昆大峡谷做露营旅行。一天晚上，我们在海拔7000英尺的地方露营，一场暴风雨眼看着就要把帐篷撕成碎片。帐篷的绳子是固定在一块木制平台上的，外层的帐篷布在狂风中战栗，发出凄厉的尖叫。我担心我们的帐篷随时都会松动，被卷到天上去。我吓坏了，可丈夫一直跟我说：‘亲爱的，跟我们同行的是印第安向导，他们知道该怎么做。他们在这山里搭建帐篷已经有60年了，这个帐篷在这儿也搭了好几年了，从没被吹坏过，从平均律的角度来看，今晚也不会被风吹走。即便真的吹走了，我们也可以躲到别的帐篷里去，所以还是放松点儿吧。’我的确放松了下来，那一夜余下的时间睡得很香甜。

“几年前，小儿麻痹症在加州这一带流行，要是放在过去我一定会紧张万分，但是这次我丈夫劝我要保持镇静。我们采取了一切预防措施：让孩子们远离人群，暂时不要去学校和影院。我们咨询了卫生局，发现即使是在小儿麻痹症流行的最高峰时期，整个加州只有1835名儿童罹患此病，而正常情况下的患病人数也只在200到300人左右。尽管这些数字让人觉得心酸，但从平均律的角度看，我们觉得任何一个儿童患此病的概率都微乎其微。

"'从平均律的角度看，这种事情不会发生。'这句话消除了我90%的焦虑，使我在最近20年过上了平静美好的生活，远远超出了我的期望。"

乔治·克鲁克将军——他或许是美国历史上最伟大的印第安斗士——在他的自传中写道：印第安人"几乎所有的焦虑和不幸都是来自他们的想象，而并非来源于现实。"

回顾过去的几十年，我发现我绝大部分焦虑也是来源于此。吉姆·格兰特告诉我，他的经验同样如此。他拥有一家批发公司，位于纽约富兰克林大街204号，每次他都要从佛罗里达州订购十几车皮橘子和西柚。他告诉我，他当时经常被一些奇怪的想法所折磨：万一火车发生事故怎么办？万一水果在乡间滚了一地怎么办？万一我的车皮经过时，下面的桥坍塌了怎么办？虽然这些水果都是上过保险的，但他仍然担心水果不能如期交货，可能会丢掉市场份额。他为此焦虑万分，并且得了胃溃疡，于是，去找医生检查。医生告诉他，他的身体没有别的毛病，就是过于紧张。他说道："这时我恍然大悟，开始扪心自问：'我说吉姆，这么多年来你经手过多少车的水果？'答案是：'大概有25,000车次吧。'我又问自己：'这些车皮出过几次车祸？'答案是：'大概有5次吧。’于是我自忖道：‘25000车皮，只有5次事故，你知道这意味着什么吗？五千分之一的概率！换句话说，从平均律和实际经验的角度来看，你的车皮出事故的概几率是五千分之一。那你还担心什么呢？’

“然后我对自己说：‘桥确实是可能会塌的！’接着又问自己：‘你因桥的坍塌而实际损失了多少车皮？’答案是‘没有。’于是我对自己说：‘为了一座从来也没有塌过的桥，为了五千分之一的车辆出事概率，焦虑到居然会得了胃溃疡，你真傻！’

“这样一想，”吉姆·格兰特对我说道，“我发觉自己的确很傻，于是从那一刻起，我决心以后要让平均律来解决我的焦虑问题。自此以后我再也没有受到‘胃溃疡’的困扰！”

埃尔·史密斯在纽约当州长时，我常听到他面对政敌的攻击时说：“让我们查查记录……让我们查查记录。”然后，他只陈述事实。如果下次担忧什么事情会发生时，我们不妨向睿智的埃尔·史密斯学习：查一查以前的记录，看看我们这样焦虑到底有没有事实依据。

当年，弗雷德里克·马尔施泰特担心自己正躺在坟墓里的时候就是这么做的。以下是他在我们在纽约举办的一个成人教育培训班上讲述的故事：

“1944年6月初，我躺在奥马哈海滩附近的一个散兵坑里。我当时是第999信号连的士兵，刚刚在诺曼底挖好了战壕。我看着地上这个长方形的战壕，自言自语道：‘这太像一座坟墓了。’我在里面躺下准备睡觉时，感觉确实像座坟墓。我忍不住寻思：

"或许，这就是我的坟墓了。"这天晚上11点，德军的轰炸机飞了过来，炸弹从空中呼啸而下，吓得我魂不守舍。刚开始的两三天我根本没合眼，到了第四天、第五天夜里，我的精神几近崩溃。我知道，要是不想点办法的话，我就会彻底疯掉。于是我提醒自己，已经过了5个晚上了，我还活着呢，而且我们小组的人都活得好好的，只有两个受了轻伤。而他们之所以受伤，并不是被德军的炸弹炸到，而是被我们自己的高射炮碎片误伤。我决定做点儿有意义的事情来排解心中的焦虑。于是，我在我的散兵坑上搭了一个厚厚的木头屋顶，防止自己被高射炮弹片击中。我想到了我们部队部署的广大区域，跟自己说，只有炸弹直接命中我这个又深又窄的战壕，我才会被炸死；我估算了一下，被直接命中的概率不到万分之一。这样又过了两三个晚上，我镇静了下来，甚至在敌机袭击的时候都能安然入睡了。

美国海军也常用平均律的数据来激励士气。一个曾当过水兵的人告诉我，当他和同伴被分派到一艘高辛烷油轮上的时候，个个烦得要命。他们都认为，如果装有高辛烷汽油的油轮被鱼雷击中，它会发生爆炸，所有人都要完蛋。

但是美国海军部门自有主张，他们发布了一些精确的统计数据，说被鱼雷击中的100艘油轮里，有60艘仍然浮在海面，而沉没的40艘里，也只有5艘是在10分钟之内沉没的。也就是说，发生事故时，我们有足够的时间逃离船只，伤亡率是极低的。这些数字能够鼓舞士气吗？"关于平均律的这些知识打消了我们的顾虑，"克莱德·马斯说道，"所有的船员都感觉好多了。我们知道我们有的是逃生的机会。而且根据平均律来看，我们不大可能会送命。”他住在明尼苏达州圣保罗市胡桃街1969号，这个故事就是他讲的。

「要抢占先机，击败焦虑，要做到：

原则三：

“让我们查查记录，”让我们问问自己：“从平均律的角度看，我担心的这件事情发生的概率有多大？”」

编辑荐语：

把担心的事情写下来，仔细想想有多少特别担心的事情呢？

读书笔记：

4 既来之 则安之

我小时候，有一天和几个朋友在密苏里州西北部一间废弃的旧木屋的阁楼上玩。我从阁楼上爬下来的时候，站在窗台歇歇脚，然后跳了下来。可是，我左手食指上戴着的一枚戒指在我往下跳的时候钩在了钉子上，把我整根手指扯掉了。

我惨叫起来，惊恐万状，以为自己肯定会死掉。但等手指愈合后，我一秒钟都没有为它烦恼过。烦恼又有什么用呢？我接受了这个不可避免的事实。

现在，我经常一连个把月都不会想起，我的左手只剩下4个指头了。

几年前，我在纽约商业中心的一座办公大楼里遇到了一位开货梯的男士。我注意到他的左手齐腕被切除了。我问他是否因为失去一只手而苦恼，他回答说："哦，没有，我几乎都没想过它。我还没结婚，只是在穿针引线的时候才会想起它。"

人在不得已的时候几乎可以接受任何现实境遇，会调整自己，将它遗忘，而且速度惊人。

我常常想起刻在荷兰首都阿姆斯特丹一座15世纪教堂遗址上的一处铭文，它是用佛莱芒语写："事已至此，别无选择。"

在我们几十年的人生旅途中，你我势必会碰到一些令人不快的经历，它们已然如此，就不可能再改变了。我们却可以有自己的选择。我们可以把它们当作一种不可避免的情况坦然接受，并调整自己云适应它们，我们也可能为此耿耿于怀，进而毁了自己的生活，甚至最终精神崩溃。

下面是我喜欢的哲学家威廉·詹姆斯所给的忠告："要欣然接受既成事实，接受业已发生的事实，是应对随之而来的任何不幸的第一步。"住在俄勒冈州波特兰市东北区第49大道2840号的伊丽莎白·康利女士在经历磨难之后终于领悟到了这一点。以下是她最近给我的来信：

"就在美国庆祝军队取得北非大捷的那一天，我收到了一封来自陆军部的电报，说我最疼爱的侄子在战斗中失踪了。没过多久，我又收到另一封电报，说他已经牺牲了。

"我悲痛欲绝。在此之前，我一直觉得自己生活得非常幸福，我有一份自己喜欢的工作，还帮助抚养起了这个侄子。在我看来，他身上展现了年轻人所能具有的一切美好品质，我曾以为我之前的善举就要得到回报！……然而，电报来了，我的整个世界都坍塌了，我失去了继续活下去的理由，我无心工作，忽略了朋友，对一切都不在意了。我的内心充满了悲愤。为什么要夺走我深爱的侄子？为什么这个前程似锦的优秀青年就这样丢了性命？

我无法接受这个事实，悲痛难抑，于是决定辞去工作，远离人群，任由眼泪和伤痛淹没自己。

“就在我清理桌子，准备辞职的时候，无意中看到一封早已遗忘的信件——正是刚刚去世的侄子写的，那是几年前我母亲去世时他寄来的信。信中写道：‘当然，我们都会怀念她，尤其是您。但我知道您会撑过去的，您自己的人生哲学会让您那么做。我永远都不会忘记您教给我的那些伟大的真理，无论我在哪里，无论我们相隔多远，我都会记得，是您让我微笑着面对生活，像男子汉一样承担一切。’

“我把那封信读了一遍又一遍，好像此时他正坐在我身边，和我聊着天。他仿佛在对我说：‘您为什么不照您教给我的那样去做呢？坚持住，无论发生什么，用微笑驱散您的悲伤，坚持下去。’

“于是，我又回到工作岗位上，不再怨天尤人。我不时告诫自己：‘事情已经发生了，我无法改变它。但我能像他所希望的那样，继续生活下去。’我全身心地投入到工作中去，并且给战士们——其他人的孩子——写慰问信。我还在晚上参加了一个成人教育班，找出新兴趣，结交新朋友。随后发生的改变我几乎都不敢相信。我不再为一去不返的过往而悲伤。现在，我就像侄子所期待的那样生活在快乐之中，生活恢复了平静。我接受了不可避免的事实，现在过着比以前更充实更完整的生活。”

远在俄勒冈州波特兰市的伊丽莎白·康利所领悟到的正是我们每个人迟早都要学会的东西——我们必须坦然接受不可避免的

事实，并且去适应它。“事已至此，别无选择。”要学会这个道理并非易事，即使是王座上的国君也不得不时刻提醒自己这一点。英王乔治五世就在他白金汉宫书房的墙上挂着这样一句话：“不思水中捞月，谨记覆水难收。”哲学家叔本华也表达过类似的想法，他说：“逆来顺受，是开启人生旅程的必修课。”

显然，环境本身并不能决定我们是否幸福，而我们对环境的态度才会决定我们的感受。耶稣曾说，天堂在你心中，地狱也在你心中。

别无选择的时候，我们都可以忍受灾难和悲剧，并战胜它们。我们或许想不到，每个人内心深处其实都蕴藏着惊人的能量，只要善加利用，它就能帮助我们度过一切艰难困苦。我们比自己想象的要更坚强。

新英格兰著名的女权运动者玛格丽特·富勒曾有一句座右铭：“我愿接受整个世界！”

爱发牢骚的托马斯·卡莱尔在英国听说了此事，不屑一顾地说：“哟，她最好能如此。”是的，我们最好也能接受一切不可避免的事实。

如果我们抱怨、不满，心怀怨愤，是无法改变既成事实的，能改变的是我们自己。我明白这些道理，因为我亲身尝试过。

有一次，我拒绝接受面对的既成事实，像傻瓜一样地抱怨、反抗，结果弄得我彻夜难眠，痛苦不堪，讨厌的事情纷至沓来。终于，经过一年的自我折磨，我不得不接受了从一开始就知道无法改变的事实。

几年前我就应该跟着惠特曼大声朗读他的诗句了：

啊！要像树木和动物一样
镇静地面对
黑夜，风暴
饥饿，耻笑
变故，挫折

我与牛打了12年交道，还从未见过哪一头泽西奶牛因为牧场干旱、冰雹、寒冷，或是男友过于关注其他母牛而大发脾气。动物们能平静面对黑夜、风暴和饥饿，因此他们永远不会精神崩溃，或者得胃溃疡，他们从来不会发疯。

我绝对不是说面对一切逆境时都应该低头认输，那样就是赤裸裸的宿命论了。只要还有一线逆转的机会，我们就要为之奋斗！可是当常识告诉我们，面对的一切已经无法改变时，我们就该保持理性，而不要左顾右盼，作不切实际的打算。

已故的哥伦比亚大学霍克斯院长告诉我，他曾经把一首鹅妈妈童谣作为自己的座右铭：

天下病痛知多少，
并非全部有良药。
能医则医尽人事，
没有良药就忘掉。

在写这本书时，我采访了好几位美国商界领袖。给我印象最深的是他们大都能适应无法避免的现实，过着格外无忧无虑的生活。假如他们不能做到这点，早就在巨大的精神压力下垮掉了。下面几个例子可以佐证我的看法：

詹姆斯·卡什·潘尼创办了遍布全美的潘尼连锁商店，他告诉我："哪怕我所有的钱都赔光了，我也不会焦虑，因为我知道焦虑并不能让我得到什么。我尽可能把工作做好，至于结果，就交给众神处理吧。"

亨利·福特也说过类似的话："碰到我也没法处理的事情，我就让它们自行解决。"

我曾问起时任克莱斯勒公司总裁的凯勒先生，他是如何将焦虑拒之门外的，他说："面对棘手的问题，如果我能够为此做点什么，我就去做。如果无能为力，我就把它抛到脑后。我从不为未来担心，因为没人知道未来会发生什么。影响未来的因素太多了！谁也说不准那些因素背后的动因会是什么，或者完全了解它们，那又何必为它们操心呢？"如果你说凯勒是个哲学家，他会感到难为情。他只是个成功的商人，但他这种想法却和1900年前的哲学家爱比克泰德在罗马教授的哲学思想异曲同工，爱比克泰德说："快乐的方法只有一个，就是不去为力所不及的事情烦恼。"

有着"女神莎拉"美誉的莎拉·伯恩哈特知道怎样适应不可避免的现状，可谓这方面的杰出代表。她统治着四大洲的舞台达半个世纪，是世界上最受人喜爱的女演员。可是在她71岁那年，她破产了，变得身无分文，而此时她的医生，来自巴黎的波奇教授告诉她，他必须给她做截肢手术。因为她在横渡大西洋的时候，遇到了暴风雨，摔倒在甲板上，结果腿部严重受伤，感染了静脉炎。她的腿萎缩了，疼痛难忍，医生认为必须进行截肢。“女神莎拉”一贯脾气暴烈，医生实在很害怕告诉她这个消息。他满以为这个可怕的消息会让她歇斯底里地暴跳如雷。可是他错了。莎拉看了他一会儿，平静地说：“如果非得这样的话，那就只好这样了。”这就是命运。

她被推进手术室时，她的儿子站在一边哭泣。她却欢快地朝他挥了挥手，开心地说：“不要走开，我马上就会回来。”

去手术室的途中，她朗诵了一段她出演的戏剧中的一段台词，有人问她这样做是否在鼓舞自己，她说：“不是，我是在给大夫和护士们打气，他们的压力可大得很呢。”

从手术中康复后，莎拉·伯恩哈特继续周游世界，让观众们又为她疯狂了7年。

埃尔西·麦克考米克在发表于《读者文摘》的一篇文章里写道：“当我们不再与不可避免的事实抗争时，我们就会释放出能量，去开创更加丰富的人生。”

没有人能有足够的激情与精力，一面抗拒不可避免的事实，一面创造新的生活。你只能选择其一，要么在不可抗拒的冰风雪雨中弯弯腰，要么与之抗争进而被折断。

我在密苏里州的农庄上，就见识过这样的事情。我在农庄里种了几十棵树，它们一开始长得异常迅速，但一场风雪把所有的树枝都裹上了厚厚的冰雪。这些枝条在重压之下，没有弯曲，而是傲然挺立，不堪重负而纷纷折断了，最终难逃毁灭的命运。它们没有学会北部地区树木的智慧。我曾在加拿大穿行于绵延数百英里的常绿林，还没有见过哪一棵云杉或松树因为冰雪而折断。这些常绿林都知道如何弯腰，如何弯曲枝条，去适应不可改变的现实。

日本的柔术大师常告诫学生，“要像杨柳一样柔韧，不要像橡树一样坚挺。”

你知道汽车轮胎为什么能在路上支持那么久、能忍受那么多的颠簸吗？起初，轮胎制造者试图造出一种能够抗拒道路震动的轮胎。结果，轮胎很快就碎裂了。后来，他们制造出一种可以吸收道路冲击力的轮胎，这样的轮胎具有“承受”能力。在坎坷的人生旅途上，如果我们也能学会吸收各种压力和颠簸的话，我们就能活得更长久，享受更轻松的旅程。

如果我们不是吸收这些人生中冲击而是与之对抗，如果我们不能够“像杨柳一般柔韧”而是“像橡树一样坚挺”，情况会怎样？答案很简单，我们会造成内心的冲突，我们会焦虑不安、紧张急躁、神经过敏。

如果我们走得更极端一点儿，抵制残酷的现实世界，退缩进自己构筑的梦想世界，那么我们就精神失常了。

战争时期，成千上万受到惊吓的士兵要么接受难以逃避的残酷现实，要么在压力下崩溃。让我们用威廉·卡西柳斯的例子来说明这个道理，他住在纽约格伦代尔市76大街7126号，以下是他在一个我开设在纽约的成人教育培训班上所做的精彩演讲：

我加入海岸警卫队不久，就被派到大西洋海岸一个最炎热的地方，担任爆炸品管理员。想想看，我——一个卖饼干的销售员，居然突然成了爆炸品管理员！光是想想站在数千吨的TNT炸药上，就能把我这个饼干销售员吓得心惊胆战。我只接受了两天的训练，而且所学到的东西使我内心更加充满了恐惧。我永远不会忘记第一次执行任务时的情景。在阴暗寒冷、雾气弥漫的一天，我接到命令，前往新泽西州贝永市的卡文角码头。

我被分配到船上的第五号船舱，必须在里面和五个搬运工人一起工作。他们个个虎背熊腰，但对炸药一无所知。他们正在装运巨型炸弹，这种炸弹每颗都含有重达一吨的TNT炸药，足可以把那条旧船炸上西天。这些巨型炸弹是用两根钢索吊到船舱的。我不停地对自己说："万一哪根钢索滑开，或者断掉……哦，天哪！"我怕得不行，直打哆嗦，唇焦口燥，膝盖发软，心跳加速。可我不能逃走，那将构成弃船罪名！不但我没脸见人，就连我的父母也会颜面丢尽，而且我可能因此而被枪毙。我不能走开，只能留下来。我眼睁睁地看着那些码头工人漫不经心地搬运炸弹。这条船每一分钟都可能爆炸。在担惊受怕地过了一个多小时之后，我终于能运用常识考虑问题了。我好好开导起自己来，对自己说："好吧！就算被炸着了，又怎么样呢？反正死时也没有什么感觉了，这种死法倒也痛快，总比死于癌症要好得多。别傻了！你总不能指望长生不老吧，你必须得完成这个任务，否则就要被枪毙，所以还是热爱这份工作吧！”

我就这样跟自己讲了几个小时，开始觉得轻松了一点儿。最后，我克服了自己的焦虑和恐惧，让自己接受了不能逃避的现实。

这次教训让我终生难忘。现在，每当我开始为无法改变的事情焦虑时，我就会耸耸肩膀，说："无所谓！"我发现这个办法确实管用，即使像我这个饼干销售员都能做到。

太棒了！让我们为这个来自皮纳福的饼干销售员欢呼三声吧！

除了耶稣基督被钉上十字架以外，历史上最有名的死亡场景就得数苏格拉底之死了。即便经历千秋万代，人类还会阅读和欣赏柏拉图的不朽描述——那是所有的文学作品中最凄美动人的篇章。雅典城里的某些人，对赤脚而行的苏格拉底又嫉妒又羡慕，他们捏造罪名控告苏格拉底，让他受审并被判处死刑。和善的狱卒在把一杯毒酒交给苏格拉底时对他说道："对必须承受的事，就欣然承受吧。"苏格拉底照办了，他平静而顺从地面对死亡，展现出近乎神性的光辉。

"对必须承受的事，就欣然承受吧。"这句话是在公元前399年说的，但在今天这个充满忧虑的世界，我们比以往任何时候都更需要这句名言：对必须承受的事，就欣然承受吧。

在过去的8年中，我专门查阅了所有能找到的关于怎样消除焦虑的书籍和文章。你想知道我在读过这么多材料之后，所找到的排除忧虑的最佳忠告是什么吗？就是下面这27个字，你我都应该把它贴在浴室的镜子上，这样，我们每次洗脸的时候，都可以同时把心中的焦虑洗掉。这个珍贵的祷文是协和神学院实践神学教授莱因霍尔德·尼布尔博士写下的：

祈求上帝赐予我宁静，
去接受无力改变的现实；
请赐予我勇气，
去改变力所能及的事情；
请赐予我智慧，
看清这两者的差异。

「抢占先机，击败焦虑，要做到：
原则四：
适应不可改变的现实。」

编辑荐语：

在今天这个充满忧虑的世界，我们比以往任何时候都更需要这句名言：对必须承受的事，就欣然承受吧。

读书笔记：

5　给焦虑设定“止损指令”

你想知道怎么从股市上赚钱吗？成千上万的人都想知道其中的秘诀——如果我能知道答案，那这本书就可以卖个天价了。不过，倒是有一个很好的方法，有些成功的操盘手经常用到它。下面这个故事是投资顾问查尔斯·罗伯茨向我讲述的，他的办公室在纽约第42大街东区17号。

查尔斯·罗伯茨告诉我说：“我当初从得克萨斯州到纽约来的时候，身上只有两万美元，那还是朋友让我投资到股市的。”他接着说：“我原以为自己对股市挺在行的，但却赔得一分不剩。虽然在某几次交易中赚了不少钱，但最后还是赔得精光。”

“自己的钱赔了我倒不太在意”，查尔斯·罗伯茨解释说，“但是把朋友的钱都赔光了，却让我十分难受，尽管他们都还赔得起。投资不利，我很害怕再面对他们，可没想到，他们对这件事看得很开，而且对前景非常乐观。

“我知道自己一直是依靠运气和别人的观点进行交易，正如

H. I 菲利普所说，我一直在‘用耳朵炒股’。

“我开始反思自己的错误，决心在对股市有充分的了解后再进入。于是我多处求索，结识了一位成功的股票投资人伯顿·卡斯尔斯。他多年来投资有道，久负盛名，这不是只靠机遇和运气就能做到的，我相信一定能从他那儿获益良多。

“他就我过去的交易情况提了几个问题，然后告诉了我一条交易原则，我相信这是股票交易中最为重要的原则。他说：‘我对每一次股票买卖都设定了一个止损委托指令。比如说，如果我以50美元一股的价格买进某只股票，会立刻设定一个45美元的止损点。’这就是说，万一股票下跌，降至比成本低5个点的时候，就会自动卖出，这样就可以把损失限制在5个点之内。

“‘如果你当初的买卖委托足够精明的话，’这位炒股大师接着说道，‘你就能赚到平均10%、25%，甚至50%的利润。因此，把你的损失限定在5个点，即使你超过一半的时间都判断错误，仍然可以赚到很多钱。’

“我立刻采纳了这个办法，并一直沿用至今，它已经帮我和我的客户赚到了成千上万的财富。

“后来我发现，这个‘止损’的原则不仅可以用在股市，还可以适用在其他方面。我开始为自己遇到的各种烦恼和怨愤设定一个‘止损指令’，效果非常之好。

“比如，我常和一个很不守时的朋友共进午餐。过去，他总是让我在烦躁的等待中度过一半的午餐时间，然后才姗姗来迟。无奈之下我跟他明确了我的‘止损指令’，我告诉他：‘比尔，我以后在等你这件事上的止损点就是10分钟，要是你迟到10分钟以上才到的话，咱们的午餐约会就取消了，我不会再等你。”

天啊！我真希望我能早几年就有这种观念，为我的急躁情绪与火爆生格、为遇事寻开脱的想法、为我的悔恨、为我所有的精神与情感压力设定一个“止损点”。为什么当初心绪不宁的时候，我就没这个意识衡量一下形势，然后告诫自己，“戴尔·卡耐基，这件事只值得操这么多心，不能再多了。”为什么没有这样做呢？

不过，至少我曾经还算聪明地处理过一件事情。那也是一次相当严重的情况，是我此生一个重大的危机，当时我眼睁睁看着自己的梦想、对未来的规划和多年来的努力化为乌有。事情是这样的：30岁出头的时候，我立志以写小说为生，我要成为第二个弗兰克·诺里斯，杰克·伦敦或是托马斯·哈代。我对此满怀诚意，甚至在欧洲住了两年，因为那时一战刚刚结束，各地大量印制钞票，在欧洲靠美元过日子可以降低生活成本。我在欧洲花了两年的时间创作了我的巨著，我把它定名为《暴风雪》。

这个书名相当贴切，因为出版商对它的态度恰似呼啸着刮过达科他平原的暴风雪。当经纪人告诉我这部作品毫无价值，说我没有写小说的天赋和才能的时候，我的心脏几乎都停止了跳动。我茫然无措地走出他的办公室，哪怕他用棒子敲打我的头，我也不会有什么反应。我意识到自己正站在人生的十字路口，必须做出一个重大的决定。我该怎么办？我该向何处去？几个星期之后，我才慢慢清醒过来。那个时候，我还没听说过“为你的忧虑设定止损指令”这种说法，但现在回想起来，我已经在无意中这样做了。我让费尽心血撰写小说的两年一笔勾销，把它看作一次宝贵的人生经验，然后以此为起点继续前进。我重操旧业，继续组织和教授成人教育班，并利用闲暇创作一些传记和非小说类的作品——比如你正在阅读的这本。

我对自己当时的决定是否满意呢？满意？现在每当我想起当年这件事情，我都开心得想要当街手舞足蹈！我可以坦率地说，从那以后，我没有哪一天甚至哪一小时为自己未能成为第二个托马斯·哈代而懊恼。

一个世纪前的某个夜晚，一只苍鹗在瓦尔登湖畔的树林里厉声尖叫着，就在此时，亨利·梭罗用鹅毛笔蘸着自制的墨水，在日记中写道：“世间万物都是我们用生命做代价换来的，有的即刻兑现，有的则需时日。”

换句话说，如果我们为某件事付出了过多的生命代价，那我们就是傻子。

然而，吉尔伯特和沙利文正是干出了这样的傻事。他们知道如何创作出快乐的唱词和曲调，不幸的是，他们却完全不知道如何在自己的生活中创造快乐；他们创作了不少为世人称道的轻歌剧，比如《佩兴斯》《皇家海军“围裙”号》和《日本天皇》，却都无法控制自己的情绪。就因为一张地毯的价格，他们仇视多年。沙利文为他们共同买下的剧院订购了一块新的地毯，吉尔伯特看到账单时火冒三丈，他们甚至为此闹上了法院，从此两人老死不相往来。当沙利文替新作品谱完曲时，就把它寄给吉尔伯特，而吉尔伯特填好词，就再给沙利文寄回去。有一次，他们不得不同时上台谢幕，两人就分别站在台的两边，向不同方向鞠躬，以免看见对方。他们没想到要像林肯那样，为怨恨设定一个“止损指令”。

美国内战时期，林肯的朋友纷纷攻击他的政敌，林肯却说：“对这些私人恩怨，你们好像比我要多，也许我这种感觉太迟钝了吧，可我一向认为，这样做很不值得。一个人实在没有必要把他半生时间都花在与人争吵上。如果那些人不再挑衅，我就会不计前嫌。”

我真希望伊迪丝姑妈也有林肯这样宽厚的胸怀！她和法兰克姑父住在一个已经抵押出去的农庄上。那里苍耳丛生，土地贫瘠，灌溉条件很差。他们过得很艰辛，每分钱都得省着花。可是，伊迪丝姑妈很想买一些窗帘和其他小东西来装饰空荡荡的家，为此她向密苏里州马里维尔市一家小杂货铺赊账购买这些小奢侈品。法兰克姑夫为他们的这些债务忧心忡忡。作为庄稼人，他不愿意在外欠债，于是他悄悄告诉杂货店老板丹·埃维索尔，不要再赊账给他的妻子。伊迪丝姑妈听说了这件事，顿时暴跳如雷——如今这事过去快50年了，她还在为此生气。我曾经多次听她说过这件事。最后一次见到她时，她已经70多岁了。我问她：“伊迪丝姑妈，法兰克姑父让你丢了面子确实不对，可是难道你不觉得，你已经埋怨了半个世纪，这比他所做的事情不是更差劲吗？”（结果我这话还是对牛弹琴。）

伊迪丝姑妈为她这些不快的记忆付出了高昂的代价，让自己的内心永远不得安宁。

本杰明·富兰克林7岁的时候，犯了一个70年都不能忘怀的错误。7岁那年，他迷上了一支哨子，于是兴奋地走进玩具店，连价钱都没问，就把所有的铜板堆放在柜台上，买下了那只哨子。70年后，他在给一个朋友的信中写道："后来，我回到家中，满屋子兴高采烈地吹着哨子。"但是当他哥哥姐姐发现他买哨子多付了很多钱时，纷纷取笑他，富兰克林后来说："我懊恼得大哭了一场。"

多年后，富兰克林成了闻名世界的大人物，担任驻法国大使，他还念念不忘这件事，觉得"口哨带给他的快乐根本比不上为口哨多付了代价而给他带来的烦恼"。

不过，富兰克林从中得到的教训却很简单。他说："长大以后，我走上社会，开始观察人们的行为，我发现许多人都在为'口哨'付出了太多代价。简而言之，我认为人类的痛苦，有相当一部分源自他们对事物的价值做出了错误的评估，源自他们为口哨付出了过多的代价。"

吉尔伯特和沙利文为他们的"口哨"付出了巨大的代价，伊迪丝姑妈也是一样，戴尔卡耐基很多时候也是如此。就连不朽的文学巨匠列夫·托尔斯泰也是这样，他曾写过两本享誉世界的小说：《战争与和平》和《安娜·卡列尼娜》。据《大英百科全书》记载，在托尔斯泰生前最后的20年里，他"或许是世界上最受尊敬的人"，因为在他去世前的20年里（1890—1910），仰慕者常常如朝圣般地涌到他的家中，只为看上他一眼，听听他的声音，甚至触摸一下他的衣角。他说出的每一句话都有人记录下来，似乎它就是“神谕”。但是在日常生活中，70高龄的托尔斯泰还不及7岁的富兰克林有头脑！他简直完全没有头脑。

我为何这样说呢？

托尔斯泰娶了一个他深爱的姑娘，他们生活在一起非常幸福，甚至常常跪在地上向上帝祈祷，希望这神仙般的简单生活能够继续。可是，托尔斯泰的妻子天生嫉妒心就很强，她常常扮成乡下女人打探他的行踪，甚至跟踪到森林里。他们为此吵得不可开交。她的嫉妒心越来越强，甚至嫉妒起自己的亲生儿女，曾拿起一支枪把女儿的照片打出一个洞。她还曾满地打滚，拿着一瓶鸦片扬言自杀，而孩子们则蜷缩在房间角落里，吓得惊声尖叫。

托尔斯泰又是怎么做的呢？如果托尔斯泰暴跳如雷地把家具砸烂，我倒不会说他的不是，毕竟他受了太多的刺激。可是他做的事要比这过分得多，他记了一本私人日记！是的，一本日记。他在日记里把所有责任都推到妻子身上！这就是他的“口哨”！他努力要让后代原谅他，而把所有错误都推到妻子身上。他妻子是如何回应的呢？当然是把他的日记撕碎烧掉。她自己也记了一本日记，把托尔斯泰描述成一个恶棍。她甚至写了一本小说，名叫《谁之过？》。在小说里，她把丈夫描写成一个家庭中的魔鬼，而她自己则是一名受难者。

所有这一切目的何在？为何他们把两个人唯一的家变成了托尔斯泰自称的“疯人院”。很显然，原因是多方面的，其中之一就是他们都太想给你我留下好印象。是的，我们这些后人的想法正是她们所忧虑的！我们有那个闲心去关心谁对谁错吗？没有。我们连自己的问题都忙不过来，哪还有时间去考虑托尔斯泰的事情。这两个可怜的人为他们的“哨子”付出的代价多么惨痛啊！在切切实实的地狱里生活了50年，只因为谁都没有展示自己的头脑，说声“算了吧”，只因为两人都没有足够的价值判断能力去说一声：“让我们在这件事上就此打住。我们这是在浪费生命，让我们现在就说‘够了’吧！”

是的，我坚信，具备正确的价值观是获取内心平静的最大秘诀之一。我相信，只要制定一个适合自己的根本标准，来确定我们需要为每件事付出多少生命代价，就能立即消除一半的忧虑。

「抢占先机，击败忧虑，要做到：

原则五：

任何时候，当我们冲动之下想要付出不值当的生命代价时，要先停下来，问自己下面三个问题：

1. 我所担心的问题对我到底有多重要？

2. 在这件事上，我应在何处设置“止损点”，然后把它忘掉？

3. 这个“口哨”值多少钱？我所付的是否已超过了它的价值？」

编辑荐语：

我所担心的问题对我到底有多重要？

写下几件让你头疼的事情，看看真的有那么重要吗？

我为此付出的是否超出了它的价值？

读书笔记：

6 不要锯木屑

当我写下这句话的时候，向窗外望去，可以看到院子里的恐龙足迹——这些恐龙足迹嵌在页岩中，已成了化石。这些恐龙足迹化石是我从耶鲁大学皮博迪博物馆买来的，还有一封该馆馆长寄来的信，说这些足迹形成于一亿八千万年前。哪怕先天性白痴也不会想着要回到一亿八千万年前去改变这些足迹，如果我们满心焦虑，试图改变3分钟之前发生的事情，那就比白痴还白痴了，因为我们是回不去的——可是我们中有很多人正干着这样的蠢事。当然，我们或许可以想办法改变3分钟以前发生的事情所产生的影响，但对于业已发生的事情，我们是不可能改变的。

在这个世界上，要想让过去发生的事情有所裨益，唯一的方法就是冷静分析过去犯下的错误，从中吸取教训，然后把它们彻底忘掉。

我知道这话有道理，但我能一直保持这份勇气和智慧去付诸实践吗？为了回答这个问题之，我先跟你们讲讲我几年前的一段奇异经历吧：我曾让30多万美元从我的指缝中溜走而一无所获。事情是这样的：几年前，我创建了一个大型企业，从事成人教育，在很多城市都设有分支机构，在管理和广告方面投入了大量资金。当时我忙于授课，既没有时间，也没有心情去过问财务问题。我当时太天真了，没有想到应该找一个精明的业务经理来帮我安排各项开支。

后来，大概一年之后，我发现了一个令人震惊而又发人深省的事实：虽然我们收入颇丰，但却没有获得一点儿净利润。发现这个情况之后，我本应该做两件事情的。首先，我应该向黑人科学家乔治·华盛顿·卡弗学习。由于银行倒闭，他4万美元的存款全部化为乌有，那可是他一生的积蓄啊。当有人问他是否知道自己已经破产时，他回答说："是的，我听说了。"然后继续上课。他把这次损失从脑海里彻底抹去了，后来再也未曾提及。

其次，我应该认真分析我所犯的错误，从中吸取教训。

可是实际上，这两件事我一样也没有做。相反，我陷入了焦虑的深渊，一连几个月都在恍恍惚惚中度过。我夜不能寐，体重骤降。我不但没有从这次重大错误中吸取教训，反而又犯了一个类似的错误，只是不那么严重而已。

要我承认自己的愚蠢是件尴尬的事情，但我很早就发现，"教导别人比教导自己要容易得多。"

我真希望自己能有幸去纽约市的乔治·华盛顿中学听课，接受布兰德温先生的教诲。他曾教过艾伦·桑德斯，后者住在纽约布朗克斯区伍迪克莱斯特大道939号。

桑德斯先生告诉我，布兰德温先生是他的卫生课老师，曾给他上了最有价值的一课。桑德斯先生跟我讲述了下面的故事：

当时我只有十几岁，却是个多愁善感的人，我时常为自己犯过的错误自怨自艾。考试的时候，交卷之后我往往会睡不着觉，咬着手指忧心不已，担心考试不及格。我老是在想我做过的事，希望当初没有那么做；老是在想我说过的话，希望当时能把话说得更得体些。

一天早晨，我们涌进实验室上课，看到布兰德温先生的桌边醒目地放着一瓶牛奶。我们都坐了下来，盯着那杯牛奶，不知道它和老师要教的卫生课有什么关系。突然，布兰德温先生站了起来，将那瓶牛奶打翻在水槽中，同时大声说道："不要为打翻的牛奶哭泣。"

然后，他让我们围到水槽边，看着残余的牛奶。"好好看着，"他对我们说道，"我要你们永远记住这一课。你们看，牛奶已经流进了下水道，不管你们怎么大呼小叫、着急上火，也不能挽回一滴了。只要先动点儿脑筋，加以防范，这瓶牛奶就可以保住。但是现在已经来不及了，我们唯一能做的，就是把它一笔勾销，完全忘掉，然后去做好下一件事情。"

这次简短的演示让我在此后很久仍然记忆犹新，甚至在我忘了所学的立体几何和拉丁文之后依然伴随我左右。事实上，它教给我的东西比我高中4年所学的任何课程都更实用。它让我明白，尽可能不要打翻牛奶；万一牛奶被打翻，流进了下水道，那就要把这件事彻底忘掉。

有些读者可能会对此嗤之以鼻，认为“不要为打翻的牛奶而哭泣”这种老生常谈的谚语不值得如此大做文章。我知道这句话确实老套了些，你们已经听过不下一千次。但我也知道，这类老生常谈的谚语所包含的正是人类历史进程中的智慧结晶，它们来源于人类火热的生活实践，一代一代流传至今。看看历代学者写下的有关忧虑的书籍，你找不到比“船到桥头自然直”和“不要为打翻的牛奶而哭泣”之类谚语更基本、更深刻的内容。如果我们真能把这两句谚语付诸行动，而不是嗤之以鼻，我们就根本不需要这本书了。事实上，只要我们能实际应用大部分这类谚语，就可以过上近乎完美的生活。然而，如果不能加以利用，知识是无法成为力量的。本书的目的是要提醒你注意那些你已经知道的道理，并督促、鼓励你对它们加以应用。

我非常敬仰已故的弗雷德·富勒·谢德，他天生就能把古老的哲理讲述得既新鲜又生动。他曾担任《费城公报》的主编，有一次在某个大学的毕业班演讲时，他问道：“你们中有多少人锯过木头？锯过的请举手。”大部分学生都锯过。接着他又问道：“你们中有多少人锯过木屑？”没有人举手。

“当然，木屑是不能锯的，”谢德先生说，“因为它们已经被锯过了！已经过去的事情也是同样的道理，当你开始为那些已经终了的事情忧虑的时候，你就是在锯木屑。”

伟大的棒球老将康尼·马克在他81岁时，我问他有没有为输掉的比赛而烦心。他说：“有过，我过去常这样。不过，许多年前我就不干那种蠢事了，我发现那样做根本没用。磨过的谷子不能再磨，水已经把它们冲到下面去了。”

是的，磨过的谷子不能再磨，锯碎的木屑也不能再锯，但是你会在脸上锯出皱纹，在胃里锯出溃疡。

去年感恩节，我和杰克登普西共进晚餐，他一边吃着火鸡和酸果酱，一边跟我讲述他把重量级拳王的头衔输给滕尼的那一场比赛。当然，他的自尊心受到了打击。他告诉我说：“比赛中我忽然发现自己老了……到了第十回合结束，我虽还没有倒下，但也仅此而已。我的脸已经肿得老高，还有裂口，两只眼睛几乎睁不开了……我看见裁判员举起了吉内·滕尼的手，宣布他获胜……我不再是世界拳王了，我在雨中穿过人群往休息室走去，有人过来想要拉我的手，还有一些人眼里含着泪水。

“一年之后，我又跟滕尼打了一场比赛，但是无济于事，我就这样完了。完全不烦这件事确实很困难，可我对自己说：‘我不要活在过去的阴影里，为打翻的牛奶而哭泣。我要勇敢面对这个打击，但不能让它把我打倒。’”

杰克·登普西正是这么做的。用什么办法？他是否就是一遍又一遍地告诉自己“不要为过去的事情烦恼”呢？不是，那样只会逼迫他想起过去的烦心事。他接受了失败，将它从记忆中一笔勾销，然后集中精力去谋划未来；他在百老汇大街上开办了杰克·登普西餐厅，还在第57大街上开了一家北方大酒店；他筹办职业拳击比赛，举行拳击展览；他让自己忙于有意义的事情，这样就既没有时间也没有心思去为过去的事情烦恼。杰克·登普西说：“在过去的10年里，我的生活比我做世界拳王时要充实得多。”

登普西先生说他没念过多少书，但他却在无意中按照莎士比亚的忠告去做了："睿智的人永远不会坐在那儿为所失去的哀恸，而是积极愉快地寻找弥补损失的办法。"

我在阅读史料和传记的时候，惊讶地发现许多人身处逆境，却能将忧虑和悲苦彻底忘掉，继续过着幸福的生活，真是令人鼓舞。

有一次，我到星星监狱去探访，期间最令我吃惊的是，那里的囚犯们看起来和我们这些高墙外的人一样快乐。我和当时的典狱长路易斯·埃·劳斯提到这件事，他告诉我说，这些罪犯刚来到星星监狱时，都心怀怨恨，脾气暴躁。可是几个月后，大部分比较聪明的人都开始忘掉他们的不幸，安下心来平静地接受他们的狱中生活，尽量让自己过得舒心一些。劳斯典狱长跟我说起了其中的一个犯人，此人是个园丁，他在监狱围墙里一边种菜养花，一边放声歌唱。

星星监狱这个在养花是唱歌的犯人比我们大多数人都更有头脑，因为他知道：

运指儿书写，字儿落纸手却移：
无论你的全部虔诚还是智力，
都没法把手招回抹去半行字，
洒上你全部眼泪也难洗字迹。[①]

① 这些诗句出自《柔巴依集》，此处采用的是黄杲炘的译文。——译者注

那么，为什么要浪费眼泪呢？当然，我们都曾犯下错误，干过蠢事。那又怎样呢？谁没犯过错？就连拿破仑都输掉了1/3重要的战役。也许我们成功的概率并不比拿破仑差，谁知道呢？

「无论如何，本事再大的人也绝不能挽回已经过去的东西。所以，要做到：

原则六：

不要锯木屑。」

小结

抢占先机，击败焦虑：

规则一：让自己忙碌起来，不给焦虑生存空间。大量的活动是治疗“胡思乱想”的最佳良方之一。

规则二：不要为琐事大惊小怪。小事就如生活中的白蚁，别让它们毁掉你的幸福。

规则三：用平均率来驱除焦虑。问问自己：“这件事发生的概率到底有多大？”

规则四：接受不可避免的事实。如果你明知某种局面无力改变或扭转，就要对自己说：“事已至此，别无选择。”

规则五：为你要忧虑的事情设定一个“止损指令”，衡量一下，某件事到底值得你花多少心思，不要费心过度。

规则六：过去的就让它过去，不要锯木屑。

编辑荐语:

为什么要浪费眼泪呢？当然，我们都曾犯下错误，干过蠢事。那又怎样呢？谁没犯过错？过去的就让它过去吧。

读书笔记:

第四章 调整心态的七种方法

1 改变你一生的八个字

几年前参加一个电台节目时，有人让我回答这样一个问题：“你一生中遇到的最大教训是什么？”

这很容易回答：迄今为止我所得到的最大教训就是，人的思想观念很重要。如果我能够了解你的思想，我就能了解你这个人。我们的思想造就了我们每个人，心态是决定我们命运的未知因素。爱默生说过：“人是自我认知的产物。”人怎么可能成为其他什么东西呢？

我现在绝对坚信，你我需要解决的最大问题就是选择正确的思想观念，这事实上也是我们需要解决的唯一问题。如果我们解决了这个问题，我们就走上了解决所有其他问题的康庄大道。统治过罗马的伟大哲学家马库斯·奥雷柳斯用八个字对此作了总结，这八个字可以决定你的命运：“思想塑造你的人生。”

是的，如果我们思想乐观，我们就会快乐；如果我们心系痛苦，我们就会痛苦；如果我们心存恐惧，我们就会恐惧；如果我们想着病痛，我们可能会生病；如果我们想着失败，我们注定要失败；如果我们沉湎于自哀自怜，那人人都要避之唯恐不及了。诺曼·文森特·皮尔说："你要成为怎样的人，并非取决于你的主观意愿，而是取决于你的思维方式。"

我是在倡导面对问题时要采取盲目乐观主义吗？当然不是，人生并非那么简单。我想提倡的是我们应该以积极的态度代替消极的态度。换句话说，我们对自身的问题应该关注，而不是忧虑。关注和忧虑之间有什么区别呢？让我来说明一下。每次在纽约穿过车流汹涌的街道时，我都在关注该做些什么，而不是为之担忧。关注意味着首先要认清问题，然后冷静地逐步处理它，而忧虑则意味着无比恼火地在原地兜圈，做着无用功。

一个人在关注自己重要的问题时，仍然可以在胸前佩戴上一支康乃馨，然后昂首阔步地前行。我见过洛威尔·托马斯就是这样做的。我曾有幸与洛威尔·托马斯共事，推广他拍摄的一系列著名影片，内容涉及一战期间艾伦比和劳伦斯指挥过的战役。他与助手们在五六个前线地区拍摄战争场面；最重要的是，他带回了一部记录托·爱·劳伦斯和他率领的由形形色色的成员组成的阿拉伯军队的片子，还有一部关于艾伦比征服圣地的纪录片。随后，他在伦敦及世界各地以"巴勒斯坦的艾伦比与阿拉伯的劳伦斯"为题举办了图文并茂的巡回演讲，立刻引起了轰动。为了让他能继续在位于科文特加登的皇家歌剧院讲述他惊心动魄的历险故事并展示他的影片，伦敦歌剧节为此推迟了6个星期。在伦敦一炮走红之后，他又在世界各地进行了成功的巡演。后来，他又花了两年时间准备拍摄反映印度和阿富汗地区生活的纪录片。但是不幸接踵而至，不可能的事情也发生了：他在伦敦破产了。当时我和他在一起，我记得我们只能在便宜的饭馆吃廉价的东西，如果不是托马斯向詹姆斯·麦克贝——一位著名的苏格兰艺术家——借来了钱，我们在那种地方吃饭都成了奢望。这个故事的亮点在于：即便在债台高筑、极度失望的情况下，托马斯也只是关注自己的问题，而并非忧虑不堪。他知道，如果被逆境击倒，他将对所有人都失去价值，包括他的那些债权人。因此，每天早晨出门前，他一定会买一朵花戴在胸前，精神抖擞地昂首走过牛津大街。他积极、勇敢地面对生活，拒绝被挫折击倒。对他来说，挫折也是生活的一部分，要想攀登人生的顶峰，我们就必须接受这种有用的磨炼。

我们的心态甚至对我们的生理能力也有着令人难以置信的影响。著名的英国心理学家哈德菲尔德在他那本精彩的《力量心理学》中，对此作了独到的阐述。他写道："我邀请了3个人参与一次试验，让他们用握力计来测量心理对自身力量的影响。"他让他们在三种不同的精神状态下尽全力抓紧握力计。

当他对他们在正常的清醒状况下进行测试时，他们的平均握力是101磅。

然后他对他们进行了催眠，并告之他们都很虚弱，此时他们的握力只有29磅，还不到正常力量的三分之一。（这3人中有一个是职业拳手，当他被催眠并被告知很虚弱后，他说感觉自己的手臂"像婴儿一样瘦小"了。）

接着哈德菲尔德对这些人进行了第三次试验，将他们催眠后再告之他们非常强壮，结果他们的平均握力可达142磅。当他们的大脑中充满对力量的积极认知时，每个人的力量都提升了将近50%。

这正是我们心理状态难以置信的力量。

为了说明思想力量的强大，我再告诉你们一个美国历史上最令人震惊的故事。我可以就这个故事写一本书，但我还是长话短说吧。那是在10月一个寒冷的夜晚，当时南北战争刚刚结束，一个衣食无着、无家可归的女人在街上四处游荡，她敲响了住在马萨诸塞州埃姆斯伯里的韦伯斯特"大妈"的家门，韦伯斯特先生是个退休的船长。

一开门，韦伯斯特"大妈"看见的是一个瘦弱的小人儿，"体重不会超过100磅，瘦骨嶙峋，畏畏缩缩"。这个自称格洛夫太太的陌生人解释说，她正想找个落脚处，好好想想日夜困扰她的问题，并想办法解决。韦伯斯特太太回答道："那何不就住在这儿呢？反正我也是一个人住这个大房子。"

本来格洛夫太太是可以一直跟韦伯斯特"大妈"住下去的，谁知韦伯斯特"大妈"的女婿比尔·埃利斯刚好从纽约来到这里度假，当他发现格洛夫太太在家里时，就怒不可遏地说："我不能让一个无赖住在家里！"于是他把这个无家可归的女人赶出了门外。此时正下着滂沱大雨，她瑟瑟发抖地在雨里站了几分钟，然后又开始沿街走下去，寻找栖身之所。

这个故事不可思议的情节出现了：被比尔·埃利斯赶走的

这个“无赖”注定要成为对世界思想界产生极大影响的一位女性，现在，这个基督教科学派的创始人被她的数百万信徒称为玛丽·贝克·艾迪。

可在那时，她对生命的了解仅限于疾病、愁苦和不幸。她的第一任丈夫在他们结婚后不久就去世了，第二任丈夫又抛弃了她，与一个有夫之妇私奔他乡，最后死在贫民院里。她只有一个独生子，可是因为贫病交加，不得不在儿子4岁那年，将他送给了别人。她和儿子失去了一切联系，31年都没再见上一面。

因为自己一直身体不好，艾迪夫人几年来一直对她所谓的“心灵治疗学”特别感兴趣。但她一生真正富有戏剧性的转折点，发生在马萨诸塞州的林恩市。在一个寒冷的日子，当她正行走在市中心地区的时候，滑倒在结冰的人行道上，当场不省人事。她的脊椎受到严重损伤，因痉挛而不停抽搐。医生觉得她必死无疑，即使发生奇迹，让她活了下来，也将终生瘫痪。

几乎是躺在病榻上等死的时候，玛丽·贝克·艾迪翻开了《圣经》，据她说，在圣灵的引导下，看到了马太福音里的一段话：“有人用担架把一个瘫子抬到耶稣面前，耶稣……就对瘫子说：‘孩子，放心吧！你的罪赦了……起来，带着你的床，回家去吧。’于是那人就站起来，回家去了。”

她后来说，耶稣的这些话在她心内产生了一股力量，一种信念，一种能治愈疾病的力量，让她“立即下了床，并且可以走路了。”

艾迪夫人说：“那次的经验，就像引发牛顿灵感的苹果，引导我发现了让自己健康也让别人健康的方法……我从科学上得到了确证，心灵是万物的根源，每一种心理现象都是其结果。”

就这样，玛丽·贝克·艾迪创立了一个基督教的新派别——基督教科学派，并成为它的领袖，这是唯一一个由女性创立的伟大宗教派别，现在已流行于全世界。

你现在心里一定在想："卡耐基这家伙肯定是在帮基督教科学派做宣传呢。”不，你搞错了，我不是基督教科学派的教友，只不过我年龄越大，就越深信思想的伟大力量。从事成人教育35年的经验让我了解到，人可以通过改变想法来消除忧虑、恐惧和各种病痛，并改变他们的人生。我确信如此！我成百上千次亲眼看见过这种改变的发生，因为见得多，我已经见怪不怪了。

举个例子来说吧，这种改变就曾发生在我的一位学员身上。他叫弗兰克·惠利，住在明尼苏达州圣保罗市爱达荷西大街1469号。他曾经精神崩溃过，是什么原因呢？焦虑。弗兰克·惠利告诉我：

“我为所有事情发愁。我担心自己太瘦了，担心我在掉头发，担心自己永远都赚不到足够多的钱结婚，担心自己当不了一位好父亲，担心失去我想要娶的那个女孩，总觉得现在日子过得不够好，担心给别人留下不好的印象，担心自己得了胃溃疡。我无法再工作，只好辞了职。我在内心不断给自己施加压力，把自己变得像个没有安全阀的压力锅。压力大到无法承受的地步，总要爆发出来，结果也确实爆发了。如果你未曾有过精神崩溃的经历，那就祈求上帝让你永远不要有这种经历吧，因为任何生理上的病痛都无法与精神上的痛苦相提并论。

“我精神崩溃的程度极为严重，甚至都没有办法与家人正常交流。我无法控制自己的思想，内心充满了恐惧，一点儿风吹草动都能让我跳脚。我不愿跟任何人接触，常常没来由地放声痛哭。

“每一天对我来说都是煎熬，我觉得所有的人都抛弃了我，甚至连上帝也抛弃了我。我有一种冲动，想要纵身投河，一了百了。

“不过我还是决定到佛罗里达去一趟，希望换个环境能对我有所帮助。我上了火车以后，父亲交给我一封信，嘱咐我到了佛罗里达后才能打开。我到佛罗里达的时候正是旅游旺季，根本住不进旅馆，于是，我就租了个车库作为栖身之所。我尝试着到迈阿密一艘货船上去找份工作，但是运气不佳，因此我就在海滩上消磨时光。在佛罗里达的日子比在家里的时候更糟糕，于是我拆开了那封信，想看看父亲写了些什么。只见他在信上写道：‘儿子，你现已离家1500英里，但你并没觉得有什么变化，对吗？我知道，你不会感到有什么不同，因为你把你烦恼的根源也带去了，这根源就是你自己。你的身体和心理都没有问题，困扰你的并不是你所遭遇的现实，真正让你烦恼的是你对这些现实的看法。他心如何思量，他为人就如何。等你想明白了这一点就回家吧，儿子，你会好起来的。’

“父亲这封信让我非常恼火，我希望得到的是同情，而不是教训。我怒不可遏，当场决定永远也不回家了。那天晚上，我在迈阿密街头晃荡时，经过一座教堂，里面正在做着礼拜。反正无处可去，我就溜了进去，听到了牧师在步道：‘攻城掠寨莫若战胜自己的心灵。’我坐在神圣的殿堂里，听着跟我父亲信上所写的一样的道理，这一切将我内心郁积的痛苦一扫而空，让我有生以来第一次能够清晰而理智地思考。我意识到自己曾经是多么愚蠢。我无比震撼地认清了自己：原来我一直想改变整个世界和世界上的每个人，然而唯一需要改变的，是调整相机镜头的焦距，于我而言，也就是自己的大脑。

“第二天一早，我就收拾行李，踏上了回家的路。一周之后，我回到从前的工作岗位，4个月以后，我娶了那个我一直害怕失去的女孩为妻。现在，我们有5个孩子，一家人过着幸福的生活。无论是在物质上还是在精神上，我都受到了上帝的眷顾。在神经衰弱的那段日子，我担任一个小部门的晚班工头，手下管着18个人；现在．我在一家纸箱制造厂担任主管，管理着450多位员工。生活比以前充实了许多，也和谐了许多。我相信自己现在已经理解了人生的真谛。每当心底偶尔涌起些许不安的情绪（每个人都会这样），我都会告诉自己，要调整好心灵相机的焦距，一切都会平安无事。

“坦率地说，我很高兴能有那次精神崩溃的经历，因为它让我在历尽艰辛之后终于发现，我们的思想对我们的身心可以发挥巨大的影响力。现在我已经能够让思想为我服务，而不是与我作对。父亲说过，使我痛苦的并非是外部环境，而是我对外部环境的看法，我现在才知道他是正确的。一旦体会到这一点，我就不治自愈了，而且永远不会复发。”

这就是弗兰克·惠利的经历。

我深信，我们内心的平和与生活中的喜悦，并非取决于我们身在何处、我们拥有些什么或者我们是谁，而只在于我们的心境，与外在环境并没有多大关系。比如，就拿老家伙约翰·布朗来说吧，他曾占领了位于哈珀斯费里的一个美国兵工厂，并试图策动奴隶起义，因此被判处绞刑。他坐在自己的棺木上被送往刑场，在他旁边的狱警紧张万分，而约翰·布朗本人却异常平静。他仰望着弗吉尼亚的蓝岭山脉，惊叹道："多么壮美的国度啊！我以前从来没机会亲眼欣赏它。"

再来看看罗伯特·法尔康·斯科特和他的同伴吧，他是第一位抵达南极的英国人。他们的回程几乎是人类所经历的最严酷的旅程。他们粮尽油绝，无法继续前行，因为呼啸的暴风雪已在极地肆虐了11个昼夜，咆哮的狂风甚至能切断南极的冰脊。斯科特和他的同伴知道死神已经迫近，他们早就带来了一些鸦片，以应对眼前这种险境。大剂量吸入鸦片可以让他们平静地进入梦乡，再也不会醒来。但他们忽视了那些鸦片的存在，反而是在欢唱中告别人世。我们知道他们这么做了，是因为8个月之后，一个搜救队发现了他们冰冻的尸体，旁边放着一封遗书。

是的，如果我们充满勇气，心绪平静，我们就可以坐在自己的棺木上欣赏风景，从容就赴刑场；我们就可以在饥寒交迫中仍能让营帐里充满欢乐的歌声。

双目失明的弥尔顿300年前就发现了同样的真理：

心灵是它自己的家，

能把地狱变成天堂，

也能把天堂变成地狱。

拿破仑与海伦·凯勒完美地诠释了弥尔顿这句话。拿破仑拥有着男人垂涎的一切——荣耀、权利和财富，可是他在圣赫勒拿岛时却说："在我一生中，快乐的日子加起来不到6天。"反观又聋又哑又盲的海伦·凯勒，她却说过："我发现人生是如此的美妙！"

如果说我从半个世纪的人生经历中学到过什么，那就是："除了你自己，什么都不能带给你心灵的宁静。"

我只想再重复一次爱默生在他的名篇《论自助》结尾所做的精彩阐述："一次政治上的胜利，收入的提高，病体的康复，或是久未谋面的朋友重逢，或者别的什么好事情，都会振奋你的精神，让你觉得好日子就在眼前。但什么也别信，世事绝非如此。除了你自己，什么都不能带给你心灵的宁静。"

伟大的斯多葛学派哲学家爱比克泰德警告说："我们应该把更多的精力用于驱除大脑中的错误思想，而不是割除身体上的囊肿毒瘤。"

爱比克泰德这句话是19个世纪前说的，但现代医学也支持了他的说法。坎比·罗宾逊医生宣称，霍普金斯医院收治的病人中，有五分之四的病情在一定程度上是由情绪紧张及压力造成的，甚至功能性失调之类的疾病也是如此。他说："归根结底，这些都归咎于对生活中遇到问题的心理调节不当。”

伟大的法国哲学家蒙田把下面这句话奉为一生的座右铭：“让人受到伤害的并非发生的事件本身，而是他对所发生事件的看法。”而我们对事件的一切看法，完全取决于我们自己。

我是什么意思呢？当你身陷各种困扰之中，精神高度紧张时，我是否该大胆当面告诉你，在这种情况下你可以凭借自己的意志改变心态呢？是的，我就是这个意思！不仅如此，我还要告诉你该怎么做。也许要费一些力气，但秘诀很简单。

威廉·詹姆斯在实用心理学方面知识渊博，无出其右者。他曾说过这样的话：“行动似乎是随着感觉而来的，但事实上行动与感觉同步发生。而且我们如果通过意志对行动进行较为直接的控制，也就能够间接控制感觉了。”

换句话说，詹姆斯告诉我们，我们不能仅通过“下定决心”就立即改变情绪，但是我们可以改变我们的行动。而当我们改变行动的时候，就能自然地改变我们的感觉。

他解释道：“如果你不开心，那么，变得开心的最有效的方法就是开心地坐直身体，言行举止都让人感觉你真的开心了。”

这个简单的方法有效吗？它就像整形手术，立竿见影！你不妨自己试试看。先在你的脸上堆起一个大大的、发自内心的微笑，舒展肩膀，好好地深吸一大口气，然后唱上几句。如果不会唱，那就吹口哨，要是不会吹口哨，就哼上那么一段。你很快就会理解威廉·詹姆斯所说的话——如果你的行为表现出非常快乐的特征，那么从生理上说，你不可能同时还保持着忧郁沮丧的情绪。

自然界的一些基本法则可以在我们的生活中创造奇迹，这只是其中之一。我认识一位住在加利福尼亚州的女士——我不想提她的名字——如果她知道这个小秘密，就能在24小时之内把心中的阴霾一扫而光。她年纪很大了，还是一位寡妇，很可怜，这点我也承认，但是她尝试做出快乐的样子了吗？没有。如果你问她感觉怎么样，她会说：“呃，我还好。”但是她脸上的表情及声音中的怨气却在说：“哦！老天爷啊！你看我这人多么倒霉啊！”甚至你在她面前表现出快乐的样子，她也会责怪你。其实，还有很多女人比她更悲惨，毕竟她丈夫留给她的保险金足够她安度余生，她的子女也已经成家，还能侍奉在身边，但是我很少看到她笑。她老是抱怨她的三个女婿小气自私，尽管她在他们家里被奉为上宾，一住就是好几个月。她还抱怨女儿从来不给她送礼物，但是“为了养老”，她把自己的钱却看得很紧。她给自己以及她不幸的家庭蒙上了一层阴影！但是必须如此吗？最让人遗憾的正是这一点：她本可以把自己从悲惨、痛苦、不幸的老太太转变为家中受人尊敬、备受爱戴的一员——只要她愿意改变。为了实现这种转变，她所要做的就是展现出高兴的样子，展现出付出爱心的样子，而不是把所有心思都用于自怨自艾。

让我来问你一个问题：如果只要心情愉快心态积极，就能挽救一个人的性命，我们何必还要多花一分钟去忍受不值一提的忧郁与沮丧呢？如果只要表现出开心的样子就能创造幸福，又何必让自己和身边的人难过忧伤呢？

几年前，我读过一本小书，它对我的人生产生了长远的影响。那本书叫《人生的思考》，作者是詹姆斯·艾伦。下面是书中的部分内容：

一个人如果改变了对外物和他人的看法，那么外物与他人对他来说就会发生改变。……如果让一个人的想法发生剧烈的改变，他就会惊讶地发现，这种改变也会影响他生活的物质状态并带来急速的变化。人们并不会引来他们之所想，而是引来他们之所是。……使我们的目标得以实现的神力就在我们体内，它就是我们真正的自我。……人的一切成就都是他自己思想的直接产物。……人只有依靠提高自己的思想觉悟，才能取得进步，战胜困难，有所建树。如果拒绝提高自己的思想觉悟，那他只能处在弱小、可怜、凄惨的境地。

据《创世记》记载，造物主赐予了人类统治大地的权利，这是伟大的馈赠。但是我对这种至高无上的权利没有什么兴趣。我只希望拥有控制自我的能力——控制我自己的思想，控制我内心的恐惧，控制我的心智和精神。奇妙的是，在任何时候，只要我愿意，我就可以在很大程度上通过控制自己的行动来获取这种控制力。

因此，让我们记住威廉·詹姆斯的这些话吧："只要把当事人内心的恐惧心理转化为奋斗精神，我们所谓的坏事往往大部分都可以转换成振奋人心的好事。"

让我们为自己的幸福奋斗吧！

让我们按照一个积极向上的日常计划，为自己的幸福而奋斗！下面就是这样一个计划，叫作“只为今天”。我认为它非常能振奋人心，因此复印了几百份送给别人。它是已故的西比尔·帕特里奇在36年前编制的，如果我们能照着做，就能消除大部分的忧虑，极大地增加我们生活的乐趣。

只为今天

1. 只为今天，我要很快乐。正如林肯所说：“大部分人只要下决心都可以很快乐。”这句话千真万确，快乐源于我们的内心，而无关外物。

2. 只为今天，我要让自己适应一切。而不是让外界来适应我的想法。我要坦然面对我的家庭、事业和运气，并去适应它们。

3. 只为今天，我要爱护自己的身体。我要让它得到锻炼、呵护和滋养，而不滥用它、忽略它，这样就可以让它成为我成功的基石。

4. 只为今天，我要让自己的意志更坚强。我要学习有用的知识，不做头脑空虚的人。我要阅读一些让我集中精力、启迪思考的书。

5. 只为今天，我要从三个方面塑造我的灵魂。我要默默为某人做一件好事，而不让他知道；我还要至少做两件我不想做的事，就像威廉·詹姆斯所说的那样，只为锤炼意志。

6. 只为今天，我要与人为善。我要尽可能使自己看起来舒服，着装得体，轻声慢语，举止优雅，多多赞美，不作批评，对任何事情都不挑毛病，对别人也不指责教训。

7. 只为今天，我要一步一步踏踏实实地度过，不指望把毕生的问题一次性解决掉。我虽然能一天工作12个小时，但如果一辈子都要这样，那会吓到我自己。

8. 只为今天，我要制订计划，我要写下每个小时要做的事。也许我不能完全遵照执行，但我还是要订下这个计划，因为它可以消除两个毛病：过分仓促和犹豫不决。

9. 只为今天，我要给自己留半个小时时间安安静静地放松一下。在这半小时里，有时我也会想想上帝，好让自己的人生更加丰富多彩。

10. 只为今天，我要心无畏惧，尤其不惧快乐，我要去享受生命的美好，去爱，我相信我所爱者也爱我。

「我们要调整心态，静享幸福，要做到：

原则一：

想一些开心的事，并表现出开心的样子，你就真的会感受快乐。」

编辑荐语:

为自己做一个积极向上的计划吧，题目是：只为今天

读书笔记:

2 报复行为代价高

几年前的一个晚上，我在黄石公园游览，和其他游客一起坐在一个大看台上，前面就是茂密的松树和云杉。不一会儿，我们等着观看的“森林杀手”——灰熊大摇大摆地来到耀眼的灯光之下，开始吞食那些从园区旅馆的厨房里倒出来的食物残渣。森林巡逻员马丁代尔少校骑在马上，和兴味盎然的游客讲着有关灰熊的故事，他告诉我们说，灰熊在美国西部几乎所向无敌，也许只有美洲野牛和科迪亚克棕熊除外。但那天晚上，我却注意到有一只小动物，而且也只有那一只，能跟随灰熊一起走出森林，在灯光下与灰熊共进晚餐。那是一只臭鼬。灰熊当然知道，它只需用巨掌轻轻一挥就能把臭鼬除掉，可是它为什么没有这样做呢？因为经验告诉它，这样做得不偿失。

我也明白这个道理。小时候，我生活在密苏里州的农场里，曾在树篱旁捉到过四条腿的臭鼬；长大后，我曾在纽约街边的人行道上碰到一些“两条腿的臭鼬”，惨痛的经验告诉我：无论哪一种臭鼬，都不值得招惹。

当我们对敌人心怀仇恨时，就等于给了对方战胜我们的力量，这种力量让我们寝食难安、血压升高、健康受损、幸福泡汤。如果我们的敌人知道他们让我们烦恼，让我们痛苦，成功报复了我们的话，他一定高兴得手舞足蹈！我们的憎恨根本没伤到他们，却会把自己的日日夜夜变成炼狱。

猜猜看下面这些话是谁说的："如果自私的人想占你的便宜，那就把他从你的联系名单上删去，但不要想着去报复。一旦你试图报复，那对你自己的伤害比对那个家伙的伤害还要大。"这些话听起来像出自哪位不切实际的理想主义者之口，其实不然，它来自密尔沃基警察局所发的一张通告。

寻求报复是怎样给你造成伤害的呢？它表现在很多方面。据《生活》杂志报道，它甚至可以毁掉你的健康。"高血压患者最主要的人格特征是怨愤。"《生活》杂志写道："如果怨愤情绪缠绵不去，就会造成慢性高血压，还会引发心脏病。"

现在你应该明白耶稣说过的话："爱你的敌人。"这不止是在传道，也是在宣扬20世纪的医学。耶稣说："原谅他们七十个七次。"① 他是在教我们如何避免高血压、心脏病、胃溃疡和其他很多疾病。

---

① 语出《马太福音》（18:21），彼得问耶稣："如果有人得罪了我，我该原谅他几次呢？七次可以吗？"耶稣回答说："不，要原谅他们七十个七次！"

我的一个朋友最近得了严重的心脏病，医生让她卧床静养，叮嘱她不论发生什么事情都不能动怒。医生们都了解，心脏功能衰弱的人，一丝愤怒都会让他毙命。我是说愤怒会让人毙命吗？几年前，华盛顿州斯波坎市一位餐厅老板确实因为生气而送了命。现在，我面前就有一封华盛顿州斯波坎市的警察局长杰瑞·斯沃索特的来信，上面写道："几年前，68岁的威廉·法尔卡贝在斯波坎市拥有一家咖啡店，他因为怒气攻心而送了命。事情的起因是他的厨师坚持用他的碟子喝咖啡，他盛怒之下抓起左轮手枪就去追厨师，结果因心力衰竭而倒毙，死的时候手里还紧攥着那把枪。验尸报告认为，愤怒导致了他的心力衰竭。"

当耶稣说"爱你的敌人"时，他也是在告诉我们如何改善自己的面容。你我都见过一些女人，她们的容貌因仇恨而布满皱纹，表情僵硬，因怨愤而难看得变了形。世上再好的整形手术，其美容效果远不如满怀宽恕、温柔和爱意的心灵。

仇恨甚至会倒了我们的胃口。《圣经》上是这么说的："心中有爱，吃草自香甜，心中怀恨，食肉也无味。"

对敌人的仇恨耗尽了我们的精力，让我们疲惫不堪，精神紧张，令我们骨瘦形销，罹患心疾，甚至缩短我们的寿命，如果他们知道了这些，不正好拍手称快吗？

即便我们没办法对敌人表现出爱意，至少也应该爱惜自己。一旦我们用心爱惜自己，就不会让敌人有机可乘，控制我们的快乐、健康以及容貌。正如莎士比亚所说：

仇恨敌人的怒火太盛，

会烧伤你自己。

当耶稣说我们应该原谅敌人“七十个七次”时，他也是在教我们经营之道。譬如，就在我写这句话的时候，桌上正好有一封来自乔治·罗纳先生的信，他住在瑞典的乌普萨拉市。他前些年一直在维也纳做律师，但在第二次世界大战期间，他逃亡到了瑞典。当时他一文不名，急需找份工作。因为他可以读写好几种语言，所以希望到一家进出口公司谋得业务代理一职。大多数公司都回信说，因为战争的缘故，目前不需要这类人才，但他们会在人才库中保留他的资料，等等。不过，有一个人回信给罗纳说：“你对我公司业务的理解完全错误，你实在是很愚蠢，我根本就不需要任何业务代理。就算我真的需要，也不会雇佣你，因为你连瑞典文都写不好，信里错误百出。”

罗纳读了这封信后，气得跟唐老鸭似的。那个瑞典人居然说他写不好瑞典文，到底是何居心？他自己的信才是错误百出呢！于是乔治·罗纳写了一封足以把对方气疯的信。但是他停了下来，对自己说：“别急，我怎么知道他说的不对呢？我学过瑞典文，但它并不是我的母语啊，也许我确实犯了错误，自己却浑然不觉。要真是这样的话，我应该更努力地学习，才有望找到工作啊。这个人可能帮了我一个大忙，虽然他本意并非如此。他话虽说得难听，但不能抵消我欠他的人情。因此，我应该写封信感谢他一下。”

于是，乔治·罗纳把他刚写好的那封火药味十足的信撕了，另外写了一封："感谢您费心给我回信，尽管您并不需要业务代理。很抱歉我对贵公司的业务理解有误。我之所以写那封信给您，是因为别人告诉我，您是这个行业的领袖。我并不知道我在信中犯了文法上的错误，很抱歉，也很惭愧。我现在打算更努力地学习瑞典文，争取改正自己的错误。我要谢谢您帮助我走上自我完善的道路。"

几天后，乔治·罗纳又收到那个人的回信，是请罗纳去他办公室见面的。罗纳去了，并得到了一份工作。乔治·罗纳因此发现了一个道理，"柔声细语灭怒火"。

我们或许没有圣贤之心去爱我们的敌人，但为了自己的健康与快乐，我们至少要原谅他们、忘记他们。这才是明智之举。孔子说过，只要不放在心上，受人冤枉或遭人掠夺都算不了什么。有一次，我问艾森豪威尔将军的儿子约翰，他父亲是否记恨过什么人，他回答："没有，我父亲从不会浪费一分钟去想那些他不喜欢的人。"

有一句老话是这么说的：生不得气的人是傻瓜，但不生气的人是智者。

这正是纽约市前市长威廉·盖纳做人的原则。由于受到末流小报的大肆诋毁，他遭到一个疯子的枪击，几乎丢了性命。当他躺在医院病床上挣扎求生时，他说："每天晚上，我都要原谅每一件事和每一个人。"这话是不是太理想化了？是不是太高调了？如果是这样的话，就让我们转而听听伟大的德国哲学家叔本华的看法吧，他是《悲观论集》的作者。他把生命比喻为一次徒劳而又痛苦的历险，在举手投足间都透着忧郁，然而，在极度绝望中，他仍呼吁道：“如果可能，不应该对任何人心怀仇恨。”

有一次，我问曾担任美国六任总统（威尔逊、哈定、柯立芝、胡佛、罗斯福以及杜鲁门）顾问的伯纳德·巴鲁克，他是否曾受困于对手的攻击，他回答说：“没有人能侮辱或干扰我，我不会让他这么做。”

也没有人能侮辱或干扰我们，除非我们允许他们这样做。

棍棒和石头也许能打断我的骨头，但言语休想伤害我。

古往今来，人们总在缅怀那些像基督一样对仇敌也不怀恶意的人。我常常站在加拿大的贾斯珀国家公园里，凝视这美洲西部最美群山中的一座山峰，它是以英国护士艾迪丝·卡维尔的名字命名的，以此纪念她于1915年10月12日在一支德军行刑队前从容就义。她的罪名是什么呢？因为她在比利时家中收留看护一些受伤的法军和英军士兵，并协助他们逃往荷兰。在10月她即将临刑的那天早晨，随军的英国牧师到她被监禁的布鲁塞尔集中营为她做临终祷告，艾迪丝·卡维尔说出了两句被刻在纪念碑上永存的话：“我知道，光有爱国的热情是不够的，我决不会对任何人心怀仇恨或怨愤。”4年后，她的遗体被送往英国，并在西敏寺大教堂举办了纪念仪式。今天，在伦敦国家肖像馆的对面矗立着一尊大理石雕像，纪念英国历史上这个不朽的灵魂，上面刻着她那两句话：“我知道，光有爱国的热情是不够的，我决不会对任何人心怀仇恨或怨愤。”

想真正宽恕和原谅我们的敌人，最有效的办法就是全身心投入某个比个人更重要的事业。那样的话，我们所遭受的侮辱和敌意也就无足轻重了，因为除了事业，其他东西我们都将视而不见。让我们来举个例子吧。1918年，密西西比州的松林深处发生了一件极具戏剧性的事情。一场死刑！当地的黑人教师兼传教士劳伦斯·琼斯即将被施以私刑。几年前，我曾拜访过他亲手创办的学校——松林乡间学校，并为全体学生做了演说。现在这是一所全国知名的学校，但我要说的这个故事却发生在很早以前。那还是在第一次世界大战情绪高涨的日子里，密西西比州中部流传着一个谣言，说德国人正在鼓动黑人造反。我刚刚说过了，即将经受死刑的劳伦斯·琼斯本人就是黑人，他被指控协助策动族人叛乱。一群聚在教堂外的白人听到劳伦斯·琼斯对着听众喊道："生命是一场战斗，每一个黑人都应该拿起武器，为争取生存与成功而战！"

"战斗!""武器!"够了!这些激动的白人青年飞快地遁入夜色，然后纠集了一批暴徒回到教堂里，用绳索捆住了这名传教士，顺着路把他拖到一英里外，让他站在一大堆干柴上，点燃了火柴，准备一边用火烧，一边绞死他。这时有人叫道："我们在烧死这个该死的家伙之前，让他再说说话啊！说话！说啊！"劳伦斯·琼斯站在柴堆上，脖子上套着绳索，就这样为他的人生与理想发表了演说。他1907年毕业于艾奥瓦大学，淳朴的个性、广博的学识以及在音乐方面的才华，让他在师生中颇受欢迎。毕业之际，一个酒店老板邀请他加盟，但是他拒绝了，他还拒绝了一个富人资助他继续接受音乐教育的好意。为什么呢？因为他正踌躇满志，执着于自己的理想。在阅读布克·塔·华盛顿的传记时，他就受到了鼓舞，决心把毕生的精力用于教育他那些贫困落后、没有文化的同族兄弟。于是他去了美国南方最贫困的地区，来到密西西比州杰克逊市以南25英里的一个地方。他用典当手表换来的1.65美元在林中空地上建起了自己的学校，一截树桩就是他的桌子。劳伦斯·琼斯向这些准备处死他的愤怒人群讲述了自己的奋斗历程，讲述如何教育这些失学儿童，把他们培养成对社会有用的农民、工人、厨师与管家。他还谈到了在创办松林乡间学校的过程中给予他帮助的那些白人，这些白人曾经送给他土地、木材、猪、牛和一些钱，帮助他继续他的教育事业。

后来，有人问琼斯，恨不恨那些拖他出来，准备把他绞死、烧死的人？他回答说，他忙于自己的事业，沉浸在比个人更重要的事情当中，因此无暇憎恨他人。“我没空和别人争吵，”他说道，“没时间后悔，也没有人能让我无聊到去恨他们。”

劳伦斯·琼斯态度诚恳地述说着，情真意切，动人心弦。他没为自己哀求，只求别人理解他的事业。那群暴徒开始心软了。最后，人群中有一个参加过南部邦联部队的老兵说：“我相信这个孩子说的都是真心话，他刚刚提到的那些白人我认识，他是在做好事。是我们错了。我们应该帮他而不是绞死他。”这个老兵摘下帽子，让它在人群里传了开去，募集了52.4美金，而他们刚刚还聚在一起，准备绞死这个松林乡间学校的创建人，正是他说过，“我没空和别人争吵，没时间后悔，也没有人能让我无聊到去恨他。”

19个世纪以前，爱比克泰德就曾指出，我们种瓜得瓜，种豆得豆，命运总要我们为自己的过错付出代价。爱比克泰德说：“从长远来看，每个人都会为自己的错误付出代价。记住这一点，我们就不会怒对他人，不会辱骂、责难、攻击或怨恨别人。”

在美国历史上，大概没有一个人比林肯受到过更多的指责、憎恨和陷害了。但是，根据赫恩登发表的《林肯传》，“林肯从不依自己的好恶去评判别人。如果有什么任务要完成，他总会觉得，他的敌人可以像其他人一样把它干好。如果有人得罪了他，或对他不敬，但却是某个职位的最佳人选，林肯还是会把那个职位给他，就像给朋友一样，毫不犹豫。……我想，他也从未因为是他的政敌或是反感一个人，而解除某人的职务。”

有些被林肯委以重任的人，比如麦克里兰、史瓦德、斯坦顿赫切斯，反过来批评甚至侮辱过他，可是据他的法律合伙人赫恩登说，林肯认为“没有人应该因他们的所作所为而受到赞扬，也不应该因为做了什么或没做什么受到指责”，因为“我们所有人都会受到条件、处境、环境、教育、习惯和遗传等因素的影响，这些因素造就了我们的现在和未来”。

也许林肯是对的。如果你我承袭了跟我们的敌人一样的生理、心理及情感特质，生活际遇与他们也完全相同，我们就可能做出跟他们一模一样事来，而不可能有其他反应。正如克拉伦斯·达罗曾说过的那样，“要认识所有人，就要理解所有人，那样偏见和无端指责就没了生存的空间。因此，与其憎恨我们的敌人，不如让我们怜悯他们，并感谢上帝生活没有把我们塑造成跟他们一样；与其指责和报复我们的敌人，不如给他们以谅解、同情、帮助、宽容，并为他们祈祷”。

小的时候，我们家每晚都要阅读《圣经》或反复记诵《圣经》里的某个章节，然后大家跪下来做“家庭祷告”。现在，我还仿佛听到父亲在那孤寂的密苏里农场里反复吟诵耶稣的箴言，“爱你的敌人吧！诅咒你的，要祝福他们；憎恨你的，要善待他们；恶意利用你、迫害你的，要为他们祈祷。”只要人类还怀有理想，这些话就会被不断重复下去。

我父亲一生都努力践行耶稣的这些话，他的内心也因此获得了众多世间权贵求而不得的平和安宁。

「要调整心态，静享幸福，要做到：

原则二：

永远不要对敌人心存报复，因为那样对我们自己的伤害将远大于对敌人的伤害。让我们照着艾森豪威尔将军那样去做：绝不浪费一分钟去想我们不喜欢的人。」

编辑荐语：

敞开心扉拥抱宽容吧，没什么值得你憎恨的，那会使你不快乐。仔细想想真的没什么大不了，也许别人也同样不喜欢自己呢，那又怎样？对自己说，这是最后一分钟去想那个你不喜欢的人。

读书笔记:

3 付出不图回报

最近我在德克萨斯碰到了一个生意人，因为某件事一直气愤难平。有人告诉我，他一旦碰上我，15分钟内一定会跟我谈起那件事情。果不其然。那件令他气愤的事发生在11个月之前，可他还是怒气难消，耿耿于怀。圣诞节的时候，他给34个员工发了1万美元的奖金，也就是每人差不多300美元，却没有一个人来感谢他。因此他牢骚满腹地说："我真后悔给他们发了奖金。"

孔子说过，生气的人浑身都是毒。我真的同情这位浑身是毒的人。他大约60岁左右，按人寿保险公司的统计，我们平均还能活的年数比目前年龄与80岁之间差数的三分之二略长一点。所以如果这位仁兄足够幸运的话，大概还有十四五年的时间可活。可是他却浪费了有限生命中将近一整年的时间，去为已成过去的事愤恨不平，我真同情他。

抛开怨恨与自怜，他本可以问问自己，为什么大家不领他的情？或许他给员工的工资太低，工作却太累了；或许他们认为圣诞奖金并非什么礼物，而是他们应得报酬的一部分；或许他自己待人苛刻又难以接近，所以员工们都不敢也不想去感谢他；或许大家觉得，反正大部分利润都要缴税，不如作奖金发给大家算了。

另一方面，也可能员工真的自私、卑鄙、不懂礼貌。也许是这样，也许是那样，我并不比各位了解得更多，但我知道约翰逊博士说过："感恩之心是良好教养的产物，在一般人身上你是找不到的。"

在此，我想强调的是：这个人指望别人来感恩，就已犯下了一个常识性的、令人痛苦的错误，他根本不了解人的本性。

如果你救了一个人的性命，你会期望他心存感激吗？也许你会，可是著名刑事律师塞缪尔·莱博维茨在他当了法官后，曾经拯救过78个人的性命，使他们免上电椅。你觉得其中会有多少人登门道谢，或者至少寄给他一张圣诞卡表示感谢呢？多少？猜猜看……对了，一个都没有。

耶稣基督曾经用一个下午的时间治好了10个麻风病人，但是有几个麻风病人会驻足感谢他呢？只有一人，去看看《路加福音》就知道了。耶稣基督转身朝向门徒，问道："其他9个人呢？"他们全跑了，一句谢谢都没有就消失了！让我来问问大家：像你我这样的凡夫俗子，或者像德克萨斯的那个生意人，给了别人一点儿小恩小惠，凭什么就奢望得到比耶稣基督还多的感恩？

如果关系到钱的问题，那就更不要奢望了！查尔斯·施瓦布告诉我，他曾帮助过一位挪用公款去炒股的银行出纳。史瓦特帮他补足了亏空，免去了他的牢狱之灾。这个出纳是否感激他呢？是的，感激过，但只是一阵子。没过多久，他跟施瓦布闹翻了，还大肆诋毁指责这个曾经救他脱离牢狱之灾的人。

如果你送给某个亲戚100万美元，你觉得他应该会感激你吧？安德鲁·卡耐基就这么做过，不过，如果安德鲁·卡耐基过段时间从墓中复活的话，一定会大吃一惊，这位亲戚正在诅咒他呢！为什么？因为老安德鲁把3.65亿美元的财产用于公共慈善事业，却"只给了他区区100万美元"。

世道就是这样，人性终归是人性，在你有生之年估计是不会有什么改变了，那何不坦然接受呢？为什么不像马库斯·奥雷柳斯那样现实一点看待世事呢？他可是统治罗马帝国的人中最具智慧的一个。有一天他在日记中写道："我今天会碰到多话的人、自私的人、以自我为中心的人和忘恩负义的人。但我不会大惊小怪或为之烦恼，因为我无法想象，没有这些人的存在，世界会是什么样子。"

这话有道理，是吧？如果我们到处抱怨别人忘恩负义，到底是谁的过错呢？是人的本性还是我们忽略了人的本性？别指望别人感恩了，那样的话，如果我们偶尔得到别人的感激，它将成为意外的惊喜。如果没有，我们也不会烦恼。

这是我在本章想要强调的第一点：忘记感恩是人的天性，因此如果我们一直期待着别人的感恩，那就是在自寻烦恼。

我认识一位住在纽约的老太太，一天到晚抱怨自己非常孤单。没有一个亲戚原意接近她，这也难怪。如果你去看望她，她会唠唠叨叨几个钟头，说她侄女儿们小的时候，她时怎么照顾她们的：她们得了麻疹、腮腺炎、百日咳，都是她精心护理的；她让她们在家里住了许多年；她资助一个侄女读完了商学院的课程，还给另一个侄女安了家，直到她结婚为止。

这些侄女回来看望她吗？是的，偶尔回来，出于精神上的义务。但她们都怕回去见她，因为她们知道得坐几个小时听她半遮半掩的指责，迎接她们的将是那些无休无止的埋怨与自哀自怜的叹息。当这位老太太发现威逼恐吓也没法叫她的侄女们回来看她时，就使出了最后的一个“法宝”：心脏病发作。

这心脏病是真的吗？是的，医生说她有一颗“焦虑型心脏”，常常心悸。但医生也无能为力，因为她的问题是情绪性的。

这位老太太需要的是关爱与关注，但是她把它称作“感恩”。她永远也得不到感恩或关爱，因为她认为这是她应得的，所以，她直接向别人索要这些。

像她这样的妇女还有千千万万，因为别人“忘恩”，因为孤独，因为被人忽视而生病。她们渴望被人关爱，但在这世上得到关爱的唯一方式就是不再一心索取，转而向别人倾注爱心，同时不求回报。

这听起来是不是像纯粹不切实际的理想主义？不是！这只是一般常识，是我们追求幸福的最佳途径。我知道，因为我亲眼见到这样的事在我家发生。我的父母乐于助人。虽然家里很穷，一直债台高筑，可是我父母每年总要设法寄点儿钱给艾奥瓦州康瑟尔布拉夫斯市的一个孤儿院。他们从来没有去拜访过那家孤儿院，除了信件之外，或许没有人用其他形式为他们的礼物而表示感谢，但他们已经得到了丰厚的回报，因为他们从帮助这些小孩子的过程中享受到了喜悦，却并不期望得到感恩和回报。

离开家之后，我每年圣诞节总会寄一张支票给父母，劝他们买点自己喜欢的东西。可是他们很少照办。当我在圣诞节前几天回到家时，父亲都会告诉我，他们已经用那些钱给某个寡居的母亲买了煤和日用品，她住在城里，有很多孩子要养活，却没有钱买食物和燃料。他们通过送出这些礼物而得到了巨大的愉悦，这是付出而不求回报的快乐！

我相信，我父亲已基本具备了亚里士多德所描述的“理想的人”的条件——这种人最应该享受幸福。亚里士多德说：“理想的人以助人为乐，但他耻于要求别人给他帮助，因为施恩是优越的标志，受惠是低贱的特征。”

这是我在本章想要强调的第二点：要想得到幸福，就必须抛弃感恩或忘恩之类的念头，只追求付出时内心的愉悦。

千百年来，为人父母者总是因为子女不知感恩而气得七窍生烟。连莎士比亚笔下的李尔王都要疾呼：“不知感恩的子女，比毒蛇的牙齿更伤人！”

可是，如果我们不教育他们，这些孩子们怎么会知道要去感恩呢？忘恩原本是人的天性，它像丛生的杂草；感恩则有如玫瑰，需要施肥、浇灌，需要悉心培育与呵护。

如果我们的子女不知感恩，谁该担责呢？也许就是我们自己。如果我们从不教导他们向别人表示感谢，又怎么可能期待他们来感谢我们?

我认识一个住在芝加哥的人，继子的薄情足以让他牢骚满腹。他在一家木箱制造厂做苦工，每周薪水很少能超过40美元。他娶了一位寡妇，又被她说服，借钱供她两个已经成人的儿子上了大学。他每周40美元的薪水要买食物、交房租、买燃料、衣服，还要还欠款。他就这样像苦力似地辛苦了4年，而且从没抱怨过。

他得到感谢了吗？没有。他太太认为那是理所应当的，她儿子也这么认为。他们从来没想过对继父有任何亏欠，哪怕是一声道谢。

这该怪谁呢？这两个孩子吗？是的，但这位母亲责任却更大。她认为这两个年轻的生命不应该承受“责任感”带来的负担，她不想让她的儿子们“在负债状态下开始他们的人生”。因此，她从来没有想过要对孩子们说：“你们的继父资助你们上大学，多好的人啊！”相反，她的态度却是：“那是他起码该做到的事情。”

她以为她是在替孩子们着想，但实际上，她让他们带着一种危险的观念走向了社会，让他们认为这个世界有义务帮助他们过好日子。那确实是一种危险的观念，因为后来她的一个儿子试图向老板“借”点钱，结果深陷囹圄。

我们一定得记住，孩子在很大程度上是我们塑造出来的。举个例子，我姨妈维奥拉·亚历山大从来没理由抱怨自己的儿女不知感恩。她住在明尼阿波利斯西明尼哈拉大道144号。在我很小的时候，姨妈把她自己的母亲接到家里精心照料，对她丈夫的母亲也是一视同仁。如今，我闭上眼睛仍能记起两位老人坐在维奥拉姨妈家壁炉前的情景。她们对维奥拉姨妈来说是个“麻烦”吗？我想经常是吧。但你从她的态度上根本看不出来。她爱这两个老太太，迁就她们，宠着她们，让她们感受到家的温馨。此外，姨妈自己还有6个子女要抚养，可她从来不觉得自己做了一件了不起的事情，也不觉得把两个老太太接到自己家来赡养就该受到顶礼膜拜。对她来说，这一切是再自然不过的事，是正确的事，也是她愿意做的。

如今的维奥拉姨妈在哪里呢？她已经寡居了20多年，有5个已经成年的子女，各自成家立业，他们都争着要把她接到家里一起住。她的子女都很崇拜她，从不觉得厌烦。这是出于“感恩”吗？当然不是！这是爱，纯粹的爱！这几位子女从小就生活在祥和温馨的家庭氛围中，如今情形反过来了，他们回报同样的爱，这又有什么奇怪的呢？

所以我们要记住，如果要培养懂得感恩的子女，自己必须先懂得感恩。让我们记住，“人小耳朵灵”，我们要管好自己的嘴巴。比如说，下次当我们想要当着子女的面贬低别人的善意时，要赶紧打住。我们千万不能说：“看看苏珊表妹送的这些洗碗布，是她自己做的圣诞礼物，连一分钱也没花！”这种反应对我们而言可能只是小事一桩，但孩子们在听着呢。所以，我们最好这么说：“苏珊表妹准备这份圣诞礼物，一定花费了不少时间！她多好啊！我们马上写封信，感谢她一下吧！”这时，我们的子女就在潜移默化中养成了赞赏和感恩的习惯。

「对忘恩之举不要怨愤烦扰，要做到：

原则三：

A. 与其担心他人不知感恩，不如做好最坏的打算。记住，耶稣一天救治了10个麻风病人，只有一个人感谢了他。凭什么我们应该比耶稣得到更多的感激呢？

B. 让我们记住，获得幸福的唯一途径不是期盼他人的感恩，而是寻求付出的快乐。

C. 让我们记住，感恩是一种培养出来的品德，若要子女懂得感恩，我们就必须引导他们成为懂得感恩的人。」

编辑荐语:

做一个感恩的人，而不是求回报的人。你试试看是不是更容易快乐起来？不妨写下你感恩的人，记住他们!

读书笔记:

4　盘点你的幸福

我认识哈罗德·阿博特已经很多年了，他住在密苏里州韦布城麦迪逊南大街820号，曾经是我巡回讲座的经纪人。有一天，我们在堪萨斯城遇到了，他开车送我回我在密苏里州贝尔顿的农庄。途中我问他是如何克服忧虑的，他给我讲了一个让我终生难忘的故事：

“我以前经常为许多事情忧虑，不过，1934年春天的某一天，我正走在韦布城多尔迪西街上，这时我看到的一幕景象把我所有的烦恼都一扫而空了。整个过程不到10秒钟，可在那10秒钟内，我所学到的关于如何生活的知识比过去10年学到的还要多。我在韦布城经营一家杂货店已经两年了，不但花光了所有的积蓄，还欠下了一屁股的债，需要7年时间才能还清。杂货店正是之前的那个周六关门歇业的，当时的我正打算到招商矿工银行借点儿钱，好去堪萨斯城找个工作。我颓废地走在路上，失去了所有的斗志与信心。就在这时，我突然看到街对面过来一个没有腿的人，他坐在一块小小的木板上，下面装着用旱冰鞋轮做的四个滚轮，两手各拿一块木头，往后撑着让自己滑过街道。我看见他时，他刚刚过了街，正要把自己抬高几英寸以便越过路牙到街边的人行道上来。在他费力抬高身下的木板时，刚好与我四目相对。他向我粲然一笑，并精神十足地问候道：'你好啊，先生！今天天气真好，不是吗？'我站在那里看着他，突然发觉自己是多么的富有。我有两条腿，我可以走路，我为我的自怜感到可耻。我告诉自己，如果他这个缺了两条腿的人都能开心、快乐、充满自信，两腿健全的我当然也可以做到。我觉得自己已然精神百倍。原来，我只打算从银行借100美金，现在我有勇气向他们借200美金了。本来我只打算到堪萨斯城试试看能不能找份工作，但现在，我信心十足地告诉他们我要去找份工作。我借到了那笔钱，也找到了一份工作。

"现在，我浴室镜子上贴着下面一段话，每天早上刮胡子时都要读一读：

没有鞋的日子让我难过，

没有脚的人又该怎么活。

有一次我问飞行员埃迪·里肯巴克，当他绝望地迷失在太平洋里，和同伴在救生筏上漂流了21天时，他从中得到的最重要的经验是什么。他回答道："那次经历让我学到最重要的一点就是：只要有足够的淡水可以喝，有足够的食物可以吃，你就不该再有任何抱怨。"

《时代》周刊曾有篇文章讲到一位士官在瓜达尔卡纳尔岛受伤的故事。这个士官喉咙被碎弹片击中，输了7次血。他写了一张小条子给医生，问道："我还能活下去吗？"医生回答："可以的。"他又写了一张问道："我还能讲话吗？"回答依然是肯定的。这时他再写了一张纸条，说道："那我还有什么可担心的呢？"

你何不现在就停下来问问自己："我还有什么可担心的呢？"你多半会发现自己担心的事相对而言根本微不足道。

我们生活中的事情，大概有90%都是正确的，只有10%是错误的。如果我们想要快乐，要做的就是集中注意力在那90%正确的事情上，不去理会那10%错误的事情就可以了。如果我们想要烦恼、难过、得胃溃疡，我们只要把精力集中在10%错误的事情上，而忽略那90%正确的事情也就可以了。

英国许多克伦威尔教堂里都刻着"思索并感恩"这几个字，这些字也应该铭刻在我们心中。想着所有我们应该感谢的事，感谢上帝赐给我们的实惠与恩泽。

《格列佛游记》的作者乔纳森·斯威夫特是英国文学史上最悲观的人。他觉得自己根本不该出生，所以生日那天他会穿着黑色的丧服，斋戒一天。可即使是这样一位英国文学史上深陷绝望、极度悲观的人，也会歌颂开心和快乐对于健康的巨大促进力量。他曾说："世界上最好的医生就是节食医生、静心医生和快乐医生。"

我们每时每刻都能得到"快乐医生"为我们提供的免费服

务，只要我们把注意力集中在我们所拥有的惊人财富上——这些财富可能超过童话世界里阿里巴巴的宝藏。你愿意用10亿元的价格出售你的双眼吗？你的双腿又能值多少钱呢？还有你的双手、你的听觉能力、你的子女、你的家庭呢？算算你所拥有的资产，你一定会发现，即使把洛克菲勒、福特和摩根家族所有的财富都给你，你也不愿意卖出你现在拥有的一切。

但是，我们珍惜所拥有的一切了吗？没有！就像叔本华说的那样："我们很少去想我们已经拥有了什么，却总是想着自己还缺少什么。"是的，这种倾向实在是世界上最大的悲剧，它带来的痛苦恐怕比历史上所有的战争和疾病带来的都要多。

这一点几乎让约翰·帕尔默"从一个正常人变成一个牢骚鬼"，并且差点毁了他的家庭。我了解这些，因为是他自己告诉我的。

帕尔默先生住在新泽西州帕特森市第19大道30号。他说道："从军队退伍后不久，我就开始自己做生意，夜以继日地辛勤工作，一切都很顺利。可是后来麻烦出现了，我买不到零件和原料，担心生意会做不下去。我忧心不已，从一个正常人变成了一个牢骚鬼。我变得尖酸刻薄，脾气暴躁，当时我自己并没有感觉，可现在我明白了，我差点儿因此失去我幸福的家庭。后来有一天，我手下一位年轻的残疾老兵对我说：'强尼，你真丢人，搞得好像世界上只有你一个人有麻烦似的。即便你真的关张一段日子，那又能怎么样呢？等到一切正常以后，你还可以重新开始呀！你拥有那么多值得感恩的东西，可是你还整天怨天尤人。伙计，我多想能像你一样啊！你看看我，我只有一只胳膊，半边脸都炸没了，可我却从不抱怨。要是你再唠唠叨叨抱怨个没完没了，你不仨会丢掉你的生意，还会失去你的健康、你的家庭和你的朋友！’这些话真如当头棒喝，让我意识到自己的生活已经够好的了，我当时就决心做出改变，活出原来的自我，我做到了。”

我一个叫露西尔·布莱克的朋友也曾差点酿成悲剧，就因为她成天为缺少一些东西而烦恼，却不懂得知足常乐。

我是几年前结识的露西尔，当时我们都在哥伦比亚大学的新闻学院学习短篇小说写作。9年前，她的生活遭受变故。她当时住在亚利桑那州的图森市，让我们听听她自己的讲述吧：

“我的生活一只排得很紧凑：在亚里桑那州立大学学习风琴，在城里开了一个演讲培训班，还在一个叫作沙漠杨柳牧场的地方教授音乐欣赏课，我就住在那里。此外我还要参加派对和舞会，在星光下骑马。直到有一天早上，我的身体彻底垮了，是心脏病！医生告诉我：“你得卧床静养一年。”他没有给我鼓励，让我相信我会康复。

“在床上躺一年！成了个废人，也可能死掉！我害怕极了，为什么这种事情会发生在我身上？我做错了什么，要受到这样的报应？我哭泣哀号，心里充满了怨恨与不满。不过，我还是遵从医生的嘱咐躺到了床上。我的一个邻居鲁道夫是位艺术家，他告诉我说：‘你以为在床上躺一年很悲惨，其实不是这样的。你可以利用这段时间好好思考，真正认识自我。在接下来的这几个月里，你在思想上的成长，可能抵得上你过去的前半生。’我慢慢平静下来，开始努力建立一种新的价值观。我阅读了很多鼓舞人心的书籍。有一天，我听到一个电台主持人说：‘你表现出来的永远只是你自我意识的反映’类似的话，我以前听过很多次，但现在它们才真正深入到我的心里，并且扎下了根。我决心只想那些让我赖以活下去的东西：开心、快乐和健康。每天早晨一醒过来，我就强迫自己想一些我所拥有而且应该感恩的事情：我的身体没有疼痛，我有个很可爱的小女儿，我的视力和听觉都正常，收音机里有悦耳的音乐，我有闲暇读书，有美食可尝，有好友相伴。我很开心，看望我的人多到让医生不得不挂出一个牌子，规定一次只能容许一人到我的病房探望，而且还得在特定的时间段内。

“9年过去了，现在的我都过着充实、积极的生活。我如今特别感谢卧床度过的那一年，那是我在亚利桑那州度过的最有价值、最快乐的一年。那一年中我养成了一种习惯，在每天早上先清点自己拥有的幸福，这个习惯到现在我还保持着，它是我最珍贵的财富之一。真惭愧，在担心自己死到临头的时候，我才真正学会了怎么生活。”

我亲爱的露西尔·布莱克，你可能不知道，你得到的教训和两百年前英国作家塞缪尔·约翰逊博士的教训是完全一样的。约翰逊博士说：“养成习惯去关注每件事情美好的一面，这比每年赚一千英镑更有价值。”

我得提醒各位，说这句话的可不是个纯粹的乐观主义者，他20年来深受焦虑、饥饿、贫困之苦，最终成长为他那个时代最著名的作家和有史以来最有名的评论家之一。

洛根·皮尔索尔·史密斯用寥寥数语凝聚了众多智慧，

他说："人生应该有两个目标，第一，获得你想要得到的东西；第二，得到之后，要享受它们。只有最聪明的人才能做到第二点。"

你想知道如何把在厨房洗碗这种琐事变成令人兴奋的经验吗？如果你想的话，推荐你读一读博格希尔·达尔所著的《我想见证》，这本书会激发出人们难以置信的勇气。

这本书的作者是一位接近失明长达半个世纪的老妇人。她在书里写道："我只有一只眼睛，上面布满了斑点，看任何东西都只能通过眼睛左侧的一个小孔。我看书的时候，必须把书几乎贴到脸上，并且把唯一的眼睛尽可能向左使劲斜过去。"

但是她拒绝接受别人的怜悯，也不愿意被视作"异类"。小时候，她想和其他小朋友一起玩跳房子游戏，可是她看不到任何记号，所以她就等到其他小朋友都回家后，趴在地上把眼睛凑近那些记号看。她把她和朋友们玩耍的那片场地上的每个记号都熟记在心中，不久就成了玩这个游戏的好手。她在家里自学，拿着放大字体的书，靠近脸，近到连睫毛都碰到书页。她获得了两个学位：明尼苏达大学的文学学士学位和哥伦比亚大学的文学硕士学位。

她一开始在明尼苏达州双子谷的一个小村庄里教书，后来成了位于南达科他州苏福尔斯城的奥古斯塔那学院的新闻学和文学教授。她在那里执教13年，还经常在一些妇女俱乐部发表演讲，在电台做有关图书和作家的节目。"在我内心深处，"她写道，"始终蛰伏着对完全失明的恐惧。为了克服这种恐惧，我对人生采取了一种开心、甚或狂欢的态度。"

到了1943年，她已经52岁了，却发生了一个奇迹：她在极负盛名的梅奥医疗中心接受了一次手术，使她的视力比以前好了40倍。

一个可爱迷人的、令人振奋的全新世界展现在她的眼前。她发现，即使在厨房水槽边洗碗也是一件让人激动的事情。“我开始玩着洗碗盆上的泡泡，我把手伸进去，抓过一团肥皂泡，迎着光举起来看，我能看到每个泡泡上都闪耀着小小彩虹的斑斓色彩。”

从水槽上方厨房的窗户望出去，她看到“一只麻雀振动着灰色翅膀穿过浓密的飞雪”。

看到肥皂泡和麻雀让她欣喜若狂，她在书的结尾写道：“‘亲爱的主啊，’我不禁低语，‘我们的天父，我感谢你，我感谢你！’”

想想看吧，因为在洗碗时看到了色彩斑斓的泡沫，看到了麻雀穿过飞雪，就要感谢上帝！

你我都应该感到惭愧。我们每时每刻都生活在美如童话的世界中，却瞎了眼似的视而不见，不懂得珍惜享受。

「要想战胜焦虑，开启人生，要做到：

原则四：

细细盘点你得到的幸福——而不是去清点你的烦恼。」

编辑荐语:

来盘点你得到的幸福，把它们一一写下来：

读书笔记:

5 做回你自己

我收到了一封家住北卡罗来纳州芒特艾里的伊迪丝·奥尔雷德夫人的来信，信里写道：

“我小时候，特别敏感腼腆。我身体一直很胖，脸颊使我看起来比实际更胖。我的母亲是个非常古板的人，她认为把衣服弄得太漂亮是一件愚蠢的事。她总是说：‘紧身衣服容易破，宽松衣服才经穿。’她正是依此来打扮我的。我从不参加任何聚会，从来没有开心的事。上学后，我从不和其他孩子一起做室外活动，甚至不去上体育课。我害羞得到了一种畸形的程度，总觉得自己跟别人都‘不一样’，完全不招人喜欢。

“长大后，我嫁给了一个比我年长几岁的男人，但是我并没有改变，我婆家的人都沉稳而自信，他们身上有值得我学习的一切，可我就是学不会。我努力模仿他们，也总是办不到。他们每次尝试帮我突破自己，却只会适得其反，让我更加封闭。我越来越紧张急躁，不愿意见到任何朋友，甚至门铃声都会让我恐惧。

我是一个失败者，我很清楚这一点。我怕丈夫也会察觉，所以每次我们出现在公共场合，我都强作欢颜，甚至做过了头。我知道自己表现得有点过火，事后常会为此难过好几天。最后，我情绪极度低落，甚至觉得自己继续活下去没什么意义，开始想到了自杀。”

那么是什么事改变了这位伤心女人的生活呢？只是随口说出的一句话。奥尔雷德夫人继续道：

“随口说出的一句话改变了我的一生。有一天，我的婆婆谈到她如何教育她的几个子女，她说：‘无论遇到什么事情，我都要求他们只做真实的自己。’……‘做真实的自己。’……就是这句话起了作用！犹如一道灵光闪现在脑海，我忽然发现，我一直试图把自己套入一个不适合自己的模式中去，从而给自己带来了无尽的痛苦。

“一夜之间，我彻底变了！我开始做回我自己。我试着反思自己的个性，认清自己，我研究自己的优点，还尽可能学习有关颜色与款式的知识，穿出自己的品位。我主动结交朋友，加入了一个社团组织——开始只是一个小社团——当他们请我表演一个节目时，我都吓坏了。可我每开一次口，就能增加一点勇气。这是一段相当漫长的过程，但现在我所拥有的快乐，是过去从来不敢想象的。在教育我自己的孩子时，我也总会把我经历苦难才学到的东西告诉他们：‘无论发生什么，永远做最真实的自己！’”

詹姆斯·高登·基尔凯医生指出，“做真实的自己”这个问题有史以来就已经存在了，“也是全人类的问题。”很多神经、精神和心理方面的疾病，其深层次的根源往往就是不愿意做真实的自己。安杰洛·帕特里就幼儿教育问题写过13本书，而且在各大报纸同期发表过数千篇文章，他曾说过：“一个人最大的不幸莫过于忽视自己的身心条件，渴望成为其他什么人。”

这种希望成为自身以外的其他什么人的想法在好莱坞尤为大行其道。好莱坞著名导演萨姆·伍德曾说，在与那些踌躇满志的年轻演员相处时，最令他头疼的事就是这个问题：让他们做回真实的自己。他们每个人都想成为二流的拉娜·特纳，或者三流的克拉克·盖博。“观众已经受够那种风格了，”山姆·伍德不停地告诫他们，“他们现在想要点儿新鲜的。”

山姆·伍德在导演《万世师表》《丧钟为谁而鸣》等影片之前，花了几年时间经营房地产，因此培养出了一种销售员的个性。他认为商界的一些原则在电影界也完全适用，模仿别人一点用处都没有，不能甘做学舌的鹦鹉。“经验告诉我，”山姆·伍德说，“要尽快弃用那些装腔作势的演员，这是最安全的做法。”

我最近问过纽约标准–光裕石油公司[①]的人事部主任保罗·博恩顿，人们在求职时犯下的最大错误是什么。他应该知道答案的，因为他曾面试过六万多名求职者，还写过一本《求职六

① 该公司是美孚石油公司的前身。——译者注。

法》。他回答说："人们求职时所犯的最大错误，就是不能做真实的自己。他们不是轻轻松松地与你坦诚相对，而是试图给你一些他认为你想听到的答案。"可这种做法一点儿用也没有，因为没有人想招个伪君子，正如没有人愿意接受伪币。

有一位公交车售票员的女儿，费了一番周折才学到了这一点：

她想成为一名歌星，但她的面容却令人不敢恭维，嘴巴太大，还有龅牙。第一次在新泽西的一家夜总会公开演唱时，她总想用上唇遮住牙齿，让自己看起来"魅力四射"。结果如何呢？她大出洋相。这样下去她注定要失败了。

不过，当晚在这家夜总会的一位男士认为她很有歌唱的天分，他很直率地对她说："你听我说，我一直都在看你的表演，我看得出来你想掩饰什么，你觉得你的牙齿长得很难看。"女孩听了很尴尬，可那个男人继续说道："牙齿难看又怎么样？难道长了龅牙是什么罪过吗？不要想去掩饰它们，张开嘴来唱，观众看到你不以此为耻，他们会喜欢上你的。"他又犀利地说："而且，这些你现在引以为耻的龅牙，说不定以后会给你带来财富呢！"

卡丝·戴利接受了那个人的忠告，把牙齿的事情抛在了脑后。从那次以后，她只把注意力集中在听众身上。她张大嘴巴，充满激情地开怀歌唱，终于成为电影和广播界的顶尖明星，现在其他喜剧明星倒想来模仿她的样子了。

著名心理学家威廉·詹姆斯指出，一般人只开发了自己10%

的心理潜能，他所指的就是那些从来没有找到自我的人。他写道：“与我们应该达到的境界相比，我们实际上处于半醒状态。我们只利用了自己身心资源的很小一部分。泛泛而言，人们还远没有达到自己的能力极限，我们拥有各式各样的能力，却总是不会善加利用。”

既然你我都有这么多未开发的潜能，又何必浪费时间去担忧自己和他人不一样呢。你在这个世上是独一无二的，自古以来没有一个人和你完全相同，千秋万代之后也不会有人和你一模一样。新兴遗传学告诉我们，你之所以能成为你，是由你父亲的24条染色体和你母亲的24条染色体组合而成，这48条染色体决定了你的遗传基因。阿姆兰·沙因菲尔德说：“每一条染色体中有数十到数百个基因，任何一个基因都足以改变一个人的一生。”没错，“我们的受造，奇妙可畏”①。

即使在你父母相遇并交合之后，生下的这个人正好是你的可能性也只有三百万亿分之一！换句话说，即使你有三百万亿个兄弟姐妹，他们也可能都和你不一样。这只是凭空臆断吗？不，这是科学事实。如果你想对此了解更多，请到图书馆借一本名为《遗传和你》的书，作者就是阿姆兰·沙因菲尔德。

我有底气谈“做回真实的自己”这个话题，因为我对此感触颇深。我知道自己在说什么，代价高昂的痛苦经历教会了我这

① 语出《旧约－诗篇》（139：14）——译者注。

些。举个例子吧：当我最初从密苏里州的玉米地来到纽约时，上的是美国戏剧艺术学院。我向往成为一位演员。我当时有个自作聪明的想法，认为那是一条通往成功的捷径。我觉得这个方法简单易行、绝对完美，真搞不懂那些成千上万野心勃勃的家伙怎么会想不到。这个想法就是：我要好好研究当时的著名演员，看看他们是怎么取得成功的，接着我会模仿他们每个人的优点，并把自己变成集各家优点于一身的闪亮之星。多愚蠢啊！多荒谬啊！浪费了几年的生命去模仿别人之后，我这颗来自密苏里的榆木脑袋才终于明白，我只能做我自己，而不可能变成其他任何人。

那样一次惨痛的经验本应该让我吸取终生难忘的教训的，可是没有，我没做到。我实在太愚蠢了，必须得再经历一次才行。几年后，我着手写一本针对商务人士公众演说的书，希望它成为这方面最好的一本。但我又有了和以前当演员一样的愚蠢想法。我准备把很多其他作者的观点都“借”过来，糅合到一本书里，使它无所不包。于是我找来了几十本有关公众演说的书籍，花了一年的时间把他们的思想融入我的书稿中。可最后，我发现自己又做了一回傻瓜。这本拼凑了他人观点的大杂烩牵强而乏味，没有哪个生意人愿意费劲去读完它。所以我把这一年的心血全部丢进废纸篓里，从头再来。这一次，我对自己说：“你只有做回你自己，戴尔·卡耐基，不管你有多少缺点与不足。你不可能成为其他任何人。”于是，我放弃综合别人观点的念头，卷起袖子，做了我最初就该做的那件事：以自身的经验、观察和判断为基础，从一个演说者和演说教师的角度，写成了一本公众演说的教科书。我学到了——希望我能一直学习下去——沃尔特·雷利爵士得到过的教训。（我不是在说把自己的外套扔到烂泥上为女王垫脚的那个沃尔特爵士，我说的是1904年在牛津大学任文学教授的那位沃尔特·雷利爵士。）他说过："我写不出媲美莎士比亚的作品，但是我可以写一本我自己的书。"

做回你自己，按照美国作曲家欧文·伯林给已故的作曲家乔治·格什温所提的建议去做。伯林和格什温初次相遇时，伯林已经声名鹊起，而格什温却只是个刚刚出道的年轻曲作者，每周在廷潘胡同①赚得35美元。伯林很欣赏格什温的才华，就以格什温当时薪水的三倍请他做自己的音乐助理。"但是不要接受这份工作，"伯林建议道，"如果你接受了，你可能会成为一个二流的欧文·伯林；但要是你能继续保持自己的本色，总有一天，你会成为第一流的格什温。"

格什温接受了这个忠告，后来渐渐成长为当时一位重要的美国作曲家。

查理·卓别林、威尔·罗杰斯、玛丽·玛格丽特·麦克布莱德、吉恩·奥特里以及其他无数的人，都需要学习我在本章想要强调的这个教训。他们和我一样，在费了一番周折之后才明白了其中的道理。

---

①"廷潘胡同"一词由歌曲作家．罗森费尔德杜撰，取自20世纪初唱片行业聚集的小巷，位于纽约市第五大道和百老汇之间的第28街上，后来它成了美国流行音乐的同义词。

卓别林最开始拍电影的时候，导演坚持要他模仿当时非常有名的一个德国戏剧明星，结果一无是处，直到他展现出自己的本色，才渐渐成名。鲍伯·霍普也有类似的经验，他之前很多年都在唱歌跳舞，结果毫无建树；直到他进行插科打诨的本色表演之后，才逐渐走红。威尔·罗杰斯原本在一家杂技团表演转绳节目，很多年都没说过一句话，一直反应平平，后来他发现了自己的幽默特质，于是在转绳中插入连珠妙语，并因此成名。

玛丽·麦克布蕾德刚步入广播界时，曾试着模仿一位爱尔兰戏剧明星，但失败了。后来她展现出自己作为密苏里乡村女孩的本色，一举成为纽约市最红的广播明星之一。

吉恩·奥特里一直想改掉自己的德州口音，把自己打扮得像个城市男孩，还声称自己是纽约人，结果只招来了别人在背后的嘲笑。可是当吉恩·奥特里弹起班卓琴，唱起牛仔的歌谣时，他就开始了自己的演艺生涯，成为电影和广播界最受欢迎的牛仔。

你在这个世界上是独一无二的，为此高兴吧！充分利用上天赐予你的一切。归根结底，所有的艺术都带有一点自传性质，你只能唱你自己的歌、画你自己的画。你的经验、环境和遗传造就了你。无论是好是坏，你都要经营好自己的小花园。无论是好是坏，你都要在生命的交响中演奏好自己的乐章。

爱默生在他的散文《论自助》中说道：

每个人在接受教育的过程中，迟早会认识到，嫉妒就是无知，模仿无异于自杀。因为无论好坏，人都必须坚持做回自己。虽然广袤的宇宙充满美好的东西，但只有耕种自己的土地，才能收获自己的玉米。上天赋予人的能力是独一无二的，只有你自己尝试过，才知道这些能力到底能做什么。

这是爱默生的说法，下面是已故诗人道格拉斯·玛拉赫的表述：

如果不能成为山顶的松树，
就做山谷里的一棵小树，
但要做
溪边最挺拔的一棵

如果不能成为参天大树
就做一片灌木
不能成为灌木，做小草也不错
几许生机装点道路

如果做不了麋鹿
那就
做一条鲈鱼
在湖中欢快畅游

不是人人都能做船长
还得有人做船员
每人都有自己的职责
事无大小都得做完

做不了阳关大道
那就做一条羊肠小径
做不了太阳
又何妨做一颗星星

输赢成败
非尺寸大小所能衡量
做回自我
任激情飞扬

「调整心态，静享自由，要做到：

原则五：

不要模仿他人，发现自己，做回自己。」

编辑荐语:

记住爱默生的话："嫉妒就是无知，模仿无异于自杀。不论好坏，人都必须坚持做回自己。"

读书笔记:

6　化不利为有利

在写这本书期间，我有一天到芝加哥大学拜访它的名誉校长罗伯特·梅纳德·哈钦斯，向他请教如何排解忧虑。他的回答是：“我一直遵循着已故西尔斯百货公司总裁朱利斯·罗森沃尔德给我的建议，他说：‘如果你手上有个柠檬，那就做杯柠檬汁吧！’”

这是那位伟大教育家所采用的办法，但是傻瓜会反其道而行之。如果他发现命运交给他的只是一个柠檬，他就会自暴自弃，并且说：“我完了！命该如此啊！我连一点机会都没有。”然后他就怨天尤人，沉浸在无休无止的自怜之中。但是如果聪明人得到了一个柠檬，他就会说：“我可以从这次不幸中学到什么呢？怎样才可以改善我目前的处境？怎样才能把这个柠檬做成一杯柠檬汁呢？”

在投入毕生精力研究人类及其潜能之后，伟大的心理学家阿尔弗雷德·阿德勒宣称，他发现人类最不可思议的特质就是“化不利为有利”的能力。

下面这个有趣而又振奋人心的故事跟我认识的一位女士有关，她叫特尔玛·汤普森，住在纽约市晨边路100号。她说道：

“战争期间，我丈夫驻防在新墨西哥州莫哈维沙漠附近的一个陆军训练营，为了能陪在他身边，我也搬到那里去住。我讨厌那个地方，对那里深恶痛绝。我以前从来没有那样痛苦过。丈夫受命外出到莫哈维沙漠进行军事演习，我就一个人待在那间小破屋里。那里热得让人受不了，即使在大仙人掌的阴影下，温度也高达华氏125度。想聊天时，除了墨西哥人和印第安人外，连个人影都见不到，但他们又不会说英语。风不停地吹着，所有吃的东西、呼吸的空气都充满了沙子，到处都是沙子、沙子、沙子！

“我觉得自己痛苦到了极点，觉得自己非常可怜，为此，我写信给我父母，告诉他们我受不了了，我要回家。我说我一分钟也不能再忍受了，宁可到监狱待着。父亲给我的回信只有两行字，这两行字总是萦绕在我心中，彻底改变了我的生活：

两个人从监狱铁窗向外张望，

一个人看到的是泥泞，另一个却看到了星光。

“我反复读着这两句话，羞愧难当，决心找出当时处境中积极的一面，我要寻找那些‘星光’。

“我开始与当地人交朋友，他们的反应让我惊讶。当我表示对他们的编织和陶艺感兴趣的时候，他们把不肯卖给游客的心爱作品当成礼物送给了我。我研究情态各异的仙人掌、丝兰和约书亚树，学习关于土拨鼠的知识，观赏沙漠落日，还去寻找亿万年前遗留下来的贝壳，这片沙漠在当时还是海底呢。

“是什么让我做出如此惊人的改变呢？莫哈维沙漠没有变化，那些印第安人也没有变，但我改变了。我改变了自己的心态，这样一来，我把原本悲惨的经历变成了一生中最刺激的冒险。新发现的崭新世界令我大受触动，兴奋异常。我激动得为此写了一本小说，名叫《光明的土城堡》。我从自己造成的监狱中向外张望，找到了星光。”

特尔玛·汤普森，你发现的正是希腊人在耶稣诞生前500年所宣教的一条真理：“最美好的也是最难得到的。”

哈里·埃默森·福斯狄克在20世纪对此进行了重新诠释：“幸福大都不在于享受，而在于获取胜利。”没错，这种获胜的感觉源自取得成就、征服困难，源自把柠檬做成柠檬汁的体验。

我曾拜访过一位住在佛罗里达州的快乐农夫，他甚至将一个“有毒的柠檬”做成了柠檬汁。当初刚买下那片农田时，他觉得非常泄气。那里的土质太差，既不适合种植水果，也不适合养猪，只有丛生的矮栎和肆虐的响尾蛇。后来，他有了自己的想法，决定变废为宝，充分开发利用这些响尾蛇。让大家吃惊的是，他开始把响尾蛇的肉制成罐头。几年前我去看望他时，发现每年平均有2万名游客参观他的响尾蛇农庄。他的事业逐步壮大起来。我看到，从他的响尾蛇毒牙里挤出的毒液被运送到实验室制作抗毒血清；蛇皮以很高的价格卖给工厂生产女式皮鞋与提包；响尾蛇肉的罐头被运往世界各地的顾客手中。我买了一张该地风景的明信片，到当地村里的邮局寄了出去。这个村子已经改名为“佛罗里达州响尾蛇村”，就是为了纪念这位把“毒柠檬”做成甘甜柠檬汁的人。

我一次次地在美国各地旅行，所以有幸见到很多成功人士，他们都展示了“化不利为有利的力量”。

已故的作家威廉·博莱索是《反对神的十二个理由》一书的作者，他是这样说的：“人生最重要的事不是在已有收益的基础上获利，因为任何一个傻瓜都可以做到这点；真正重要的是如何从你的损失中获益，这是需要智慧的，智者与傻瓜的区别即在于此。”

博莱索在一次火车事故中失去了一条腿，之后他说了这段话。不过，我还认识一位失去双腿的人，也能化不利为有利。他名叫本·福特森。我是在佐治亚州亚特兰大市一家旅馆的电梯中遇到他的。我刚踏入电梯就注意到了这个满脸开心的人，他没有双腿，坐在电梯角落的轮椅里。当电梯停在他要去的那层楼时，他和善地请我往旁边让让，方便他转动轮椅。“真不好意思！”他说，“给你造成不便了！”他说话的时候脸上洋溢着发自内心的温暖笑容。

我走出电梯回到房间后，满脑子都在想着这位开心的残疾人。于是，我又去找到他，请他给我讲讲他的故事。

“事情发生在1929年，”他微笑着说道：“我上山去砍一些山胡桃的枝条，准备给菜园里的豆子搭个支架。我把砍好的树枝堆在我的福特车上，准备回家。忽然，在一个急转弯时，一根木条滑到了车下面，卡在转向轴里，车子从路堤上飞了过去，把我撞到了一棵树上。我的脊柱受了伤，双腿从此瘫痪。

“事情发生的时候我才24岁，从那以后，我就再也没有走过一步路。”

年仅24岁，就要在轮椅上度过余生！我问他怎么能这么勇敢地接受这个事实。他说：“我以前也做不到。”他说他也狂躁过，抗拒过，怨恨自己命运不济。但是，随着时间的流逝，他发现抗拒对自己毫无意义，只能让自己更加痛苦。“我最终认识到，”他说，“别人对我那么友善，那么客气，我起码也应该以同样方式对待他们。”

我问他，在这么多年之后，他是否还觉得那次事故是次可怕的厄运。他毫不犹豫地回答：“不！我现在几乎庆幸发生了那次事故。”他告诉我，在经过了打击，克服了怨恨情绪之后，他开始生活在一个完全不同的世界。他开始读书，并培养了对优秀文学作品的热爱。14年来，他说他起码读了1400本书，这些书拓展了他的视野，使他的人生更加丰富多彩，超出了以前的想象。他也开始欣赏好听的音乐，以前让他厌烦的交响曲现在也能让他为之感动了。而最大的变化在于，现在他有时间去思考了。他说：“我有生以来第一次可以看清这个世界，并真正体会其价值。我开始认识到，以前努力追求的一些东西，其实根本就不值得。”

由于大量阅读，他开始对政治产生兴趣，研究起公共问题来，并且坐在轮椅上发表演说！他逐渐认识别人，别人也开始了解他。今天，仍坐在轮椅上的本·福特森担任着佐治亚州的州务部长。

在过去的35年间，我一直在纽约市开办成人教育培训班。我发现很多成年人一生最大的遗憾，就是从来没有机会接受大学教育。他们似乎认为，没有上过大学是一种很大的缺陷。我知道这么说不一定准确，因为我认识成千上万的成功人士，他们中学都没有毕业。因此，我经常给这些学员讲一个故事，主人公我认识，他连小学都没毕业。这个人在赤贫环境下长大，他父亲去世时，靠父亲的朋友们接济才得以安葬。父亲去世之后，他母亲在一家雨伞厂每天工作10个小时，还要带些零工回家，一直干到夜里11点钟。

这个男孩就在这种环境中长大。他喜欢观看一个俱乐部在当地教堂的业余戏剧演出，觉得表演非常刺激，因此决定从事公众演说这个工作，这也为他进入政界打下了基础。30岁时，他就当选为纽约州议会议员。可是，他对接受这样的重要使命根本就没有做好准备。事实上，他亲口告诉我，他甚至还搞不清楚州议员应该做些什么。他开始研究需要他投票表决的冗长复杂的法案，但是对他来说，这些法案还不如用乔克托族印第安人的语言来书写呢。当他被选为森林问题委员会委员时，他忧心忡忡，茫然无措，因为他从未踏入森林一步。当他入选纽约州银行委员会时，他也是忧心忡忡，茫然无措，因为此时他连银行账户都没有。他亲口告诉我，他沮丧万分，如果不是羞于向母亲承认自己的失败，他可能早就从议会辞职了。在绝望中，他决定每天学习16个小时，把自己“无知”这个柠檬做成一杯充满知识的柠檬汁。因为这样的努力，他由一位地方政客转变为全国知名的政治家，取得了杰出的成就，连《纽约时报》都把他称为“纽约市最受爱戴的市民”。

我讲述的这个人就是艾尔·史密斯。

在艾尔开始自学政治10年以后，他成了纽约州政府事务的权威。他四度当选纽约州州长，这是无人能及的记录。1928年，他成为民主党总统候选人，包括哥伦比亚大学和哈佛大学在内的六所著名大学给这个小学都没毕业的人颁发了荣誉学位。

艾尔·史密斯亲口告诉我，如果他当年没有一天苦读16个小时，从而化不利为有利的话，所有这一切都不可能实现。

哲学家尼采对“超人”的表述是，“不仅能顶住困难，而且还乐在其中。”

我对那些成功者的生平研究得越多，就越是深信他们之中绝大部分人能取得成功，都是因为一开始就有某种缺陷，促使他们付出更大的努力，也因而得到更多的回报。正如威廉·詹姆斯所说的：“我们的缺陷给了我们意料之外的帮助。”

没错，如果弥尔顿没有失明，可能就写不出如此优美的诗篇；贝多芬如果没有失聪，可能也难以完成如此动人的乐章。

失明和失聪激发了海伦·凯勒的斗志，才使她能够取得辉煌的成就。

如果柴可夫斯基不是受尽挫折、生活不幸——悲剧的婚姻几乎令他自杀——他大概永远也创作不出那首不朽的《悲怆交响曲》。

如果陀思妥耶夫斯基与托尔斯泰没有经历过艰辛的生活，他们可能也写不出那些魅力永恒的小说。

“如果我不是有严重的残疾，”一位改变了人们对地球生命的看法的人写道，“我就不可能完成这么多的工作。”这是达尔文的自白，他认为身体的缺陷给了他意想不到的帮助。

达尔文在英国出生的同一天，另一个孩子也在美国肯塔基州森林里的一个小木屋中出生了。他也曾受助于自己的缺陷，他叫林肯——亚伯拉罕·林肯。如果他在一个贵族家庭中长大，从哈佛大学获得法学学位，有着幸福的婚姻生活，他大概永远都不会在葛底斯堡说出那些发自肺腑、令人难忘的不朽话语，也不会在第二次就职演说中吟出那些神圣的诗句，“对任何人不怀恶意，对所有人心存善念……”这些是统治者所说过的最优美、最高贵的话语了。

哈里·埃默森·福斯狄克在他的著作《洞察一切的力量》中说：“北欧有一句谚语，叫作‘北风造就了维京人’，我们有些人可以把它作为激励自己人生的口号。我们为什么会相信，人们过上安逸的生活，一切顺利，清闲自在，就会道德高尚或幸福快乐？刚好相反，那些自怜的人即使让他们舒服地靠在沙发上，也会继续自怜。纵观历史，倒是那些对环境优劣无所谓的人，当他们肩负起个人的职责，就能展现道德力量，获得幸福人生。所以，我要再重复一遍：北风造就了维京人。”

如果我们灰心丧气，看不到可以把一个柠檬变成一杯柠檬汁的任何希望，那么这里有两点应该试一试的理由，这两个理由保证我们尝试以后只有好处，没有坏处。

第一条理由：我们可能会成功。

第二条理由：即便没有成功，我们“化不利为有利”的尝试也会让我们向前看，而不是向后看；它会用积极的观念取代消极的观念，能激发创造力，促使我们忙碌起来，没有时间也没有心情去为一去不返的事情忧伤。

一次，著名的小提琴家奥勒·布尔在巴黎举办一场音乐会，演出过程中小提琴的A弦忽然断了，他就从容地用剩下的三根弦完成了演奏。哈里·埃默森·福斯狄克说：“人生就是这样，如果A弦断了，那就用剩下的三根弦继续演奏。”

这不只是生活，它已超越了生活，是生命的凯歌。

如果我能做得到，我要把威廉·博莱索的这段话刻在铜版上，悬挂在每一所学校里：

人生最重要的事不是在已有收益的基础上获利，因为任何一个傻瓜都可以做到这点；真正重要的是如何从你的损失中获益，这是需要智慧的，智者与傻瓜的区别即在于此。

「调整心态，静享幸福，要做到：

原则六：

如果命运给了我们一个柠檬，那就设法把它做成可口的柠檬汁吧。」

编辑荐语:

那么，就把威廉·博莱索的这段话刻在这里吧：

“人生最重要的事不是在已有收益的基础上获利，因为任何一个傻瓜都可以做到这点；真正重要的是如何从你的损失中获益，这是需要智慧的，智者与傻瓜的区别即在于此。”

读书笔记:

7　忘我助人，带去欢乐

我在动手写这本书时，曾设立了200美元奖金，就“我如何消除忧虑”这个话题征集最有帮助、最鼓舞人心的真实故事。

这次征文比赛的三位评委是：东方航空公司总裁埃迪·里肯巴克、林肯纪念大学校长斯图尔特·麦克莱兰博士和广播新闻评论员卡滕博恩。在我们收到的众多故事中，有两篇特别精彩，评委们难以取舍，所以我们决定把奖金平分给两位作者。以下是同获一等奖的两篇故事之一，作者是供职于密苏里惠泽摩托车销售公司的拉尔夫·伯顿，他住在密苏里州斯普林菲尔德市商会街1067号：

“我9岁时失去了母亲，12岁时又失去了父亲。我的父亲是被人杀害的，而母亲则在19年前的一天离家出走，之后我就再也没有见过她，也没见过同时被她带走的两个妹妹。母亲离家7年后才给我写了第一封信。父亲在母亲出走后的第三年死于一次意外事故。他与人合伙在密苏里州的一个小城买下了一家咖啡馆，趁父亲出差之机，他的合伙人变卖了咖啡馆，带着钱款溜之大吉。父亲的一位朋友拍电报给父亲，叫他尽快赶回来。仓促之中，父亲在堪萨斯州的萨利纳斯发生了车祸，不幸丧生。我还有两位年老多病的姑妈，也都非常贫寒，只能收留我们家三个孩子，我和小弟则没人愿意接受，只能靠镇上的好心人照顾。我们一直担心别人把我们当孤儿看待，而且这种担心也很快成了现实。我在镇上一户贫困人家住了一阵子，但当时日子十分艰难，那家主人失业了，他们再也没有能力养活我。这时，洛夫廷夫妇把我接到他们离小镇11英里的农庄上，与他们一起生活。洛夫廷先生已70高龄，因患带状疱疹而长年卧病在床。他告诉我，只要我不说谎，不偷窃，听他的话，我就可以一直跟他们住在一起。这三条成了我的'圣经'，我一直严格遵守。

"我开始上学了，但开学第一周我就回到家里，像个婴儿似地号啕大哭起来。其他小朋友总是找我的麻烦，取笑我的大鼻子，骂我笨，还叫我'小孤儿'。我心里难受极了，真想和他们打一架。但收养我的洛夫廷先生对我说：'要永远记住，真正的男子汉不会留下来跟人打架，而是转头离开。'就这样，我一直没有跟他们打架，直到有一天，一个男孩把从校园里弄来的鸡屎扔在我的脸上，我狠狠地揍了他一顿，在一旁的孩子都说他是自找的，我因此交了几个朋友。

"洛夫廷夫人给我买了一顶新帽子，我很喜欢。一天，一个较大的女孩把它从我的头上抢了去，还往里面灌水，把帽子弄坏了。她还说，把帽子装了水，好让水淋湿我的笨脑袋，防止我那爆米花似的大脑爆开。

“我从不在学校哭，但回家后就常常大哭一场。有一天，洛夫廷夫人给了我一些建议，彻底解决了那些烦心事，并且让我可以化敌为友。她说：‘拉尔夫，如果你试着去关注他们，给他们提供一些帮助，他们就不会再取笑你，或者叫你小孤儿了。’我接受了她的建议，开始努力学习，很快在班上就名列前茅了。但我并没有招人妒忌，因为我不厌其烦地帮助他们。

“我帮其中几个男孩写大大小小的作文，还帮另外几个写完整的辩论稿。其中有个男孩担心家人知道我在帮他会丢脸，就经常告诉他妈妈说是去抓负鼠了，然后来到洛夫廷先生的农场，找我替他补习功课，期间就把狗拴进谷仓里。我还帮一个男孩写读后感，花了几个晚上帮一名女生补习数学。

“那段时间，周围接连有人去世。有两位年纪较大的农民过世了，还有一个妇女被她丈夫遗弃，我成了四个家庭中唯一的男性。两年来，我一直在帮助这几位寡妇。在上学放学的途中，我会到她们的农场里，为她们砍柴、挤牛奶、喂牲口。现在，人们不再咒骂我，而是称赞我，每个人都把我当成朋友。我从海军退役回家，他们都对我表露出真正的感情。我到家的第一天，就有200多位乡亲来看我，甚至有人驱车80英里专程赶来，他们对我的关心是真挚的。我一直乐此不疲地帮助别人，所以我很少有烦恼；13年来，再也没有人叫我‘小孤儿’了。”

为拉尔夫·伯顿先生喝彩吧！他懂得如何赢得朋友！他也知道如何战胜忧虑、享受人生。

华盛顿州西雅图市的弗兰克·罗普博士也是如此。他已经患病23年了，得的是关节炎。《西雅图星报》的斯图亚特·惠特豪斯写信告诉我："我曾多次采访罗普博士，我不知道还有谁比他更无私、更珍惜人生。"

这个长年卧床的病人是怎样珍惜人生的呢？我给你两个答案，猜猜看。是通过怨天尤人实现的？不是。是顾影自怜，以自我为中心，让别人都来取悦他？不是，仍然不对。他把威尔士王子的座右铭"Ich dien"（"我服务"）作为自己的口号，从而做到了这一点。他收集了许多其他病人的姓名和地址，通过给他们写积极向上的慰问信来鼓励他们，同时也激励自己。他甚至组织了一个病友书信俱乐部，让大家用书信互相鼓舞，最后发展成了一个全国性的社团组织，叫作"卧病在家者协会"。

他躺在床上，平均一年要写1400封信，给卧病在家者送去广播和书籍，给千百万同病相怜的人送去了快乐。

罗普博士与其他许多人的主要区别在哪里？就在于罗普博士的内心洋溢着人类崇高的使命感。他欣然发现，主导他言行的是远比自我更高尚、更重要的思想，而不是萧伯纳所说的那种人，"这种人以自我为中心，总是满腹牢骚，抱怨这个世界没能让他快乐。"

下面这句话是著名精神病学家阿尔弗雷德·阿德勒说的，也是我读过的最令我惊叹的一句话。他常常对那些忧郁症患者说："只要按照这个方法做，你肯定能在14天内能康复，那就是每天想着怎样让别人快乐。"

这句话看来实在不可思议，我觉得有必要引用阿德勒博士的杰作《自卑与超越》一书中的几页内容来解释一下。（顺便提一下，这本书你也有必要读一读。）

阿德勒博士在《自卑与超越》中说："抑郁症就像是对他人长期的愤怒和苛责情绪，尽管其目的是为了赢取别人的关心、同情和支持，但患者只会因自身的罪恶感而感到沮丧。抑郁症病人最深刻的记忆通常是这样的：我记得有一次我想躺到沙发上，可是我哥哥正躺在上面，我就一直哭个没完，直到他不得不走开。"

抑郁症病人常以自杀来报复自己，因此医生的首要工作是避免给他们任何自杀的借口。我自己在治疗的时候，首要原则是先解除紧张气氛，我会对病人说："千万别做任何你不愿意做的事情。"这句话看起来没什么，但我深信这是一切问题的根源。如果病人可以为所欲为，那他还能埋怨谁呢？又有什么理由自我报复？我会告诉他："如果你想去看电影，或者想去休假，那就去吧。如果你半路又改变了主意，那就不用去。"对于任何人来说，这是最好的状态，因为他努力追求的优越感会在此得到满足，他能像上帝一样随心所欲。不过，这和他的生活方式不太合拍。他本来是想支配、责备别人的，如果大家都顺从于他，就不存在支配他们的问题了。这个原则效果非常好，我的病人中还没有一个自杀的。

病人经常会回答说："可是我什么都不想做。"我早就准备好怎么答应了，因为我听过太多次了。我会说："那就克制自己，不要做任何不喜欢的事情。”可是，有时他会说：“我想整天在床上躺着。”我知道，只要我同意，他并不会去那么做，而如果我阻止他，就会引起一场大战。所以我总是会同意。

这是一个原则。另一个原则可以更直接地影响他们的生活方式，我告诉他们：“只要按照这个方法做，你肯定能在14天内能康复，那就是每天想着怎样让别人快乐。”看看他们对此反应如何。他们满脑子在想着这个问题：“我干吗去管别人？”回答很有意思。有的人会说：“这对我太简单了，我这一生都在干这事。”他们其实从来没有那样做过。我叫他们再多想想，他们并没有再去想它。我对他们说：“睡不着的时候，你可以利用这些时间，想想怎么能让某个人开心，这对你的健康会有很大好处。”第二天见面，我问他们：“你昨晚考虑过我的建议了吗？”他们会回答：“昨晚我一上床就睡着了。”当然，这一切都是以一种适度、友善的方式进行的，不能有丝毫的优越感。

其他人会说：“我做不到！我已经烦透了！”我告诉他们：“让烦恼继续吧，你只要同时捎带着想想别人就行了。”我想把他们的注意力总是转移到他们的同伴身上来。很多人说：“为什么要我去取悦别人？别人也没来取悦我。”我的回答是：“你得为自己的健康着想，别人迟早要吃苦头的。”我几乎没有碰到过一位病人会说：“我已经考虑过你的建议了。”我所有的精力都放在提高病人对社会的兴趣上了。我知道他们疾病的真正根源在于缺乏合作精神，这也是我要他们了解的。一旦他们能把自己和同伴放在平等协作的位置上，他们就痊愈了。一直以来，宗教赋予人们最重要的任务就是，“爱你的邻人”。对同伴不感兴趣的人在生活中会遭遇最严重的困难，同时也给周围的人带来最大的伤害。人类所有的失败都是由这类人引起的……我们对一个人的全部要求，以及所能给予他的最高赞誉就是：他应该是一位随和的同事、真挚的朋友、纯情的恋人、忠诚的伴侣。

阿德勒博士要求我们日行一善，那什么才算是善事呢？先知穆罕默德说：“善行是能给他人脸上带去欢笑的行为。”

为什么日行一善会对行善者有如此奇妙的效果呢？这是因为当我们想要取悦他人的时候，就不会再老想着自己，而这正是导致忧虑、恐惧和抑郁的原因。

威廉·穆恩太太在纽约第五大道开办了一家穆恩秘书学校，她用不着花两个星期去考虑怎样取悦他人，从而消除自己的忧郁症。她比艾尔弗雷德·阿德勒更胜一筹——不，她比阿德勒胜出“13筹”。她不是用14天，而是用了一天时间，去想着如何让两个孤儿快乐起来，从而驱除了忧虑。事情是这样的：

“5年前的12月份，”穆恩太太说道，“我沉浸在自怜与悲伤之中。在过了几年幸福的婚姻生活后，我失去了丈夫。我的悲伤随着圣诞节假期的临近日益加深。我从来都没有一个人过圣诞节，所以我害怕圣诞的来临。朋友们都邀请我去他们家共度圣诞，可是我高兴不起来，我知道，不管参加怎样的聚会，我都会扫了他们的兴。于是，我谢绝了他们的好意。随着平安夜的临近，我自怜的情绪越发强烈起来。没错，我还有很多值得感恩的事情，每个人都是这样。圣诞前夕，我下午3点离开了办公室，漫无目的地独自在第五大道上闲逛，希望借此驱散内心的自怜和忧郁。大街上满是欢乐的人群，此情此景勾起了我对过去美好时光的回忆。一想到孤身一人回到空荡荡的公寓，我就难以自持。我一片茫然，不知所措，眼泪不禁夺眶而出。漫无目的地逛了一个多小时后，我来到了一个公车站台。我想起以前和丈夫经常一起坐不熟悉的巴士探险旅行的事，于是登上了我在车站看到的第一部公交车。过了哈得孙河又开了一会儿，我听到乘务员说："终点到了，这位女士。"我下了车，甚至都不知道眼前的小镇叫什么名字。这是个宁静的小地方。在等下一班车回去的时候，我在住宅区的街道上逛了起来。经过一座教堂时，我听到了《平安夜》的优美乐曲。我走了进去，发现教堂里面空荡荡的，只有一位风琴手。我在一个长条椅上轻轻地坐了下来。圣诞树上的各种饰物在灯光照耀下，如同月光中的点点繁星，翩翩起舞。优美的曲调，加上我从早上就没吃东西，让我有点困倦。由于疲乏加上忧心，我不知不觉睡了过去。

"当我醒来时，我不知道自己身在何处，我有点儿害怕。我看到前面站着两个小孩，显然他们是进来看圣诞树的。其中一个小女孩指着我说：'她也是圣诞老人带来的吧？'我醒来时，这两个小孩也吓了一跳。我告诉她们我不会伤害她们。她们衣衫褴褛，我问她们父母在哪。'我们没有爸爸妈妈了。'她们回答道。这是两个处境比我悲惨得多的孤儿，他们让我为自己的悲伤和自怜而惭愧。我领着他们看了圣诞树，又带他们去一个小店吃了点儿东西，给他们买了糖果和几个小礼物。我的孤独神奇地消失了。这两个孩子让我几个月以来第一次感到真正的快乐与忘我。通过跟他们聊天，我发现自己是何等的幸运。我由衷地感谢上帝，让我儿时的圣诞充满父母的疼爱和呵护。这两个孩子带给我的，远比我给他们的要多。这次的经历再次告诉我，要使自己开心，就要先让别人快乐。我发现快乐是具有感染性的，给予快乐，我们也就得到了快乐。通过帮助别人、付出爱心，我战胜了忧虑、悲伤与自怜，有了重生的感觉。我获得了重生——不只是在当时，在随后的岁月里也是如此。”

忘掉自我而重获健康快乐的故事不胜枚举，我可以编一本书。比如，我们可以看看玛格丽特·泰勒·耶茨的故事，她是在美国海军中最受欢迎的女性。

耶茨夫人是一位小说家，但她写的小说没有一部比得上她自己的故事真实、精彩。事情发生在日本偷袭珍珠港的那个改变命运的早晨。耶茨夫人由于心脏不好，一年多来都卧病在床，一天得在床上度过22个小时。她所能走的最长距离，是到院子里去晒太阳。即使那样，也还得依靠女佣的搀扶才能行走。她亲口告诉我，当时她曾以为自己一辈子都得在床上度过了。她说：“如果不是日军偷袭珍珠港，让我从安于现状中清醒过来，我永远都不能再真正投入到生活中了。”

“偷袭发生时，”耶茨太太讲述道，“到处一片混乱。一颗炸弹正好落在我家附近，冲击波把我从床上摔了下来。军队派出卡车去希凯姆机场、斯科菲尔德营区和卡内奥赫湾航空站接军人家属到学校去，在那里的红十字会工作人员要打电话联系房间来安置他们，他们知道我床边有部电话，就请我做情报联络中心。于是我开始记录那些海军、陆军的家属现在住在哪里，红十字会的人会通知那些军人打电话来我这里查找他们家属的下落。

“我很快获悉，我丈夫罗伯特·拉利·耶茨安然无恙。于是，我努力去给那些不知丈夫生死的妻子打气，同时还尽力安慰那些失去丈夫的寡妇——这样的人有很多。这一次共有2117位海军和海军陆战队官兵阵亡，另有960人失踪。

“开始的时候，我躺在床上接听电话。后来，我坐在床上接听。最后，我既紧张又亢奋，完全忘记了自己虚弱的病体，我下了床坐到桌子边上。通过帮助那些比我还要悲惨的人，我完全忘掉了自我，除了每晚睡觉的8个小时，我再也没有躺到床上。我发现，如果不是日本人偷袭珍珠港，我可能一生都要躺在床上，做半个废人了。当时我已经习惯了躺在床上，消极地等待着生命的终结。现在我才知道，那个时候我在潜意识里已经失去了康复的愿望。

“偷袭珍珠港事件是美国历史上的一大惨剧，但对我个人而言，却是最重要的一件好事。这次可怕的危机给了我从来都不曾想到的力量，它让我把注意力从自己身上转移到别人身上。它给了我继续活下去的重要信念，我再也没有时间考虑或关注自己。”

如果都能像耶茨夫人所做的那样去关心和帮助他人，向心理医生寻求帮助的那些病人中，有三分之一的人就可以不治而愈。这是我的观点吗？不，这是心理学家卡尔·荣格说过的，他对此比其他人都有发言权。他说："我的患者中约有三分之一的人罹患的并非临床可以界定的神经官能症，他们只是感觉生活没有意义、空虚而已。"换句话说，他们在人生中只想搭个顺风车——而游行的队伍就从他们身边走过。最后，他们会感觉生活卑微无趣，毫无用处，只得跑去求助心理医生。错过轮船的他们站在码头上，怨张三怪李四，就是不提自己，还要求全世界满足他们自我为中心的欲望。

你现在可能会说："这些故事没什么吸引人的地方。如果我在圣诞夜遇到孤儿，我也会关心他们；如果我当时在珍珠港，我也会欣然去做耶茨夫人所做的事情。可我的情况跟她们不一样，我的生活平凡而单调，每天得无聊地工作八个小时，从来没有任何戏剧性的事情发生在我身上。我怎么可能有兴趣去帮助别人呢？我干吗要帮助他人呢？这对我有什么好处？"

这个问题也很正常，我会尝试给出答案。不管你的生活多么乏味，你每天总不免要遇到一些人，你会怎么对待他们？你只是视而不见，还是想要弄清楚他们为什么会有当前的表现？比如邮递员，他们一年要跑几百英里路，为你送信上门，可你费心了解过他住在哪里，或者让他给你看过他妻儿的照片吗？你关心过他是否感到疲倦或枯燥吗？

还有杂货店的年轻伙计、送报员、街角为你擦鞋的少年呢？他们也一样都是人，有着自己的烦恼、梦想和个人抱负，他们也满心希望有机会与别人分享，可是你给过他们这样的机会了吗？你是否曾对他们或他们的生活表示过热切、真诚的兴趣？我指的就是这些普通的事情。你不一定非要成为弗洛伦斯·南丁格尔或社会改革家去帮助推动整个世界的发展，你只需专注于自己的小小世界，从明天早晨遇到的第一个人开始。

这样做对你有什么好处呢？你可以得到更大的快乐、满足和自豪！亚里士多德把这种态度称为“开明的自利”。波斯先知琐罗亚斯德说：“对别人好不是一种责任，而是一种乐趣，因为它能让你更加健康快乐。”本杰明·富兰克林总结得非常简单：“善待别人，也就是善待自己。”

纽约心理服务中心主任亨利·林克写道：“在我看来，现代心理学最重要的发现就在于，它科学地证明了自我牺牲或严于律己相对于实现自我价值、获得幸福而言，都是非常必要的。”

多为别人着想不仅能使自己免于自寻烦恼，同时也可以结交许多朋友，得到许多乐趣。怎样才能做到呢？我曾请教过耶鲁大学的威廉·菲尔普斯教授，他这样告诉我：

“我到旅馆、理发店和商店时，总定会和我遇到的人随和地聊聊天，我要让他们觉得自己是独立存在的个体，而不仅仅是某台机器上的一个齿轮。有时，我会夸赞商店里为我服务的女店员，说她的眼睛或者头发非常漂亮。我会问问理发师站一整天累不累？问问他是怎么干起理发师工作的？干了多久了？给多少人理过头发？我会帮他一起算算。我发现对别人感兴趣，能让他们心情愉悦，笑容满面。我常跟戴红帽的行李搬运工握握手，这会令他们感到振奋，轻松完成一整天的工作。一个酷热的夏天，我到纽黑文火车站的餐车上去吃午餐，拥挤的车厢简直就是个大火炉，服务生根本忙不过来。当服务生终于过来把菜单给我时，我说：“在后面闷热的厨房里做菜的小伙子们今天一定很辛苦。”服务生听了就抱怨起来，语气很不好，开始我还以为他生气了，他惊叫道：‘天哪！来这儿的客人都在抱怨饭菜不好，埋怨服务太慢，还嫌这里太热、东西太贵。这些批评我已经听了19年了，您是第一位，也是唯一一位对厨师表示过同情的人，我真希望有更多像您这样的客人。’

“因为我把那些厨师当作人而不是整个铁路系统中的一个部件来看待，那个服务生就如此惊讶，可见人们所企求的，不过是希望得到一点点的关注而已。有时我在路上碰到有人牵着漂亮的狗散步，我总不忘夸那只狗几句。等我走过去再回头看时，常会看到那人抚摸着他的爱犬，欢喜得不行。我的赞美唤醒了他的爱意。”

有一次在英国，我碰到了一位牧羊人，发自真心地夸赞了他那只高大又聪明的牧羊犬几句。我还向他请教他是如何训练那只狗的。我离开的时候，回头看见那只牧羊犬用前爪搭在主人的肩上，而牧羊人正爱抚它呢。就因为对牧羊人及他的牧羊犬表示感兴趣，就能让他开心，让牧羊犬开心，也让我自己开心。

试想一下，一个常跟搬运工握手，又能对闷热厨房里的厨师表示理解的人，或是常称赞别人狗狗的人，又怎么会脾气暴躁，忧心忡忡，需要求助心理医生呢？你找不到这样的人吧？当然找不到。中国有一句谚语是这样说的：“送人玫瑰，手有余香。”

这些话你不用跟耶鲁大学的菲尔普斯教授说，他知道其中的道理，并且在生活中得到了体现。

如果你是一位男士，就跳过下面这段吧，你不会感兴趣的。它说的是一个忧郁难过的女孩如何赢得几个男人真情的故事。这个女孩现在已经是当奶奶的人了。几年前，我到她的家里住了一晚。当时我在她所在的小城做一个演讲，第二天她开车送我去大约50英里外搭乘干线火车去纽约中央铁路公司。我们谈起如何结交朋友，她说道：“卡耐基先生，我要跟你讲一件从来没有向别人透露过的事情，连我丈夫都不知道。”（顺便说一下，这个故事可远没你们想想的那样有趣。）她告诉我说，她出生在费城一个靠社会救济金过活的家庭。她说：“我青少年时期最大的痛苦就来自于家庭的贫困，我们从来不能像周围其他姑娘那样从事娱乐活动。我的衣着寒酸，而且总是太小，款式也都过时了。我觉得没脸见人，常常在哭泣中睡去。后来，在绝望中我忽然有了一个想法，每次聚会的时候我都请同伴谈谈他的经历、思想和对未来的打算。我问这些问题，并不是因为对答案特别感兴趣，只是为了让他们不要盯着我寒酸的衣着。可是奇怪的事情发生了：在我听着这些年轻人谈天说地时，我更加了解他们了，而且开始对他们所说的事情产生真正的兴趣。我兴致勃勃，有时连自己也忘了寒酸的衣着。而让我惊讶的是：由于我是个很好的倾听者，还鼓励他们聊自己的事情，所以我给他们带去了快乐，渐渐成了圈内最受欢迎的女孩，其中有三位男士甚至都要娶我为妻。”（你瞧，姑娘们，事情就是这样成功的。）

有人看了本章可能会说：“什么对别人感兴趣，全都是胡扯！纯粹的宗教垃圾！我可不信这一套！我只要自己赚钱，得到自己想要的东西——现在就要得到——其他蠢货的事情我才不管呢！”

如果这就是你的想法，你有权这么做。不过，如果你的想法是正确的，那么有史以来所有的贤哲们——包括耶稣、孔子、佛陀、柏拉图、亚里士多德、苏格拉底、圣方济各等等——就都错了。但是既然你可能对宗教领袖的教化嗤之以鼻，那么，我就来举几个无神论者的例子。首先是已故的剑桥大学教授阿·爱·豪斯曼，他是当时最负盛名的学者之一。1936年，他在剑桥大学发表题为《诗歌的名与实》的演讲。他在演讲中说道：“自古以来最伟大的真理、最深刻的道德感悟就是耶稣所说的：‘得着生命的，将要失丧生命。为我失丧生命的，将要得着生命。’”①

我们一生都在听着布道者宣扬这种理论。豪斯曼教授是一位无神论者，同时也是一位悲观主义者，但他依然发现，一个人只关心自己，是不可能从生活中得到多少东西的。他的生活会很不幸。与之相反，忘掉自我、服务他人的人，才能得到生活的乐趣。

如果阿·爱·豪斯曼的这些话还不能打动你，让我们再来听听美国20世纪最有影响力的无神论者西奥多·德莱塞的看法。德莱塞把所有宗教都当作童话故事来读，认为生活只是“一个白痴

---

① 出自《马太福音》（10:39）——译者注。

讲述的故事，充满喧嚣与骚动，毫无意义。”可是他始终在倡导耶稣教导的伟大准则：服务他人。德莱塞说：“假如我们想从人生中得到一点快乐，就不能只关注自我，而应该多为他人着想，因为快乐来自于你和别人的相互取悦。”

如果我们如德莱塞倡导的那样，准备“帮助别人过得更好”，那就让我们立即行动起来，时光易逝啊。“这条道路，我只能经历一次。因此，如果我能有机会去做好事或展现自己的善心，请让我现在就去做，不要拖延，也不要漠视，因为这条路我再也不能回头。”

「所以，如果你想驱除忧虑，培养宁静快乐的心境，要做到：

原则七：

重视他人，忘掉自我。日行一善，给别人的脸庞带去欢笑。」

小结

调整心态的七种方法

规则一：让我们的心中充满平和、勇气、健康和希望，因为“思想塑造你的人生。”

规则二：永远不要对敌人心存报复，那样对我们自己的伤害远大于对敌人的伤害。让我们照着艾森豪威尔将军那样去做：绝不浪费一分钟去想我们不喜欢的人。

规则三：a. 与其担心他人不知感恩，不如做好最坏的打算。记住，耶稣一天救治了10个麻风病人，只有一个人感谢了他。凭什么我们应该比耶稣得到更多的感激呢？
b. 让我们记住，获得幸福的唯一途径不是期盼他人的感恩，而是寻求付出的快乐。
c. 让我们记住，感恩是一种培养出来的品德，若要子女懂得感恩，我们就必须引导他们成为懂得感恩的人。

规则四：细细盘点你得到的幸福——而不是去清点你的烦恼。

规则五：不要模仿他人，发现自己，做回自己，因为“嫉妒就是无知”“模仿无异于自杀”

规则六：如果命运给了我们一个柠檬，那就设法把它做成柠檬汁。

规则七：通过为别人带去些许快乐来忘掉自己的不幸。“善待别人，就是善待自己。”

编辑荐语:

日行一善。今天你做了吗？为明天的日行一善做个计划吧。

读书笔记:

第五章　征服忧虑的黄金法则

1　用祈祷解除忧虑

前面说过，我出生并成长于密苏里州的一个农庄。和当时的大部分农民一样，我父母过着相当紧巴的日子。母亲是个乡村教师，父亲在农场工作，每月的收入只有12美元。母亲不但亲手做我穿的衣服，甚至连洗衣服的肥皂也是自己做的。

我们几乎没什么现钱，只有每年卖猪的时候除外。我们用牛油、鸡蛋去杂货店换回面粉、糖及咖啡。我12岁的时候，自己一年的零花钱5毛都不到。我还记得，有一次我们去参加国庆庆典，父亲给了1毛钱让我自由支配，我高兴得不得了，觉得自己成了大富翁。

为了到那所只有一间教室的乡村学校去上学，我每天要走一英里路。即便积雪很深，气温计指向零下28度的时候，我还是走路去上学。14岁之前，我从来没有过一双胶鞋或套鞋。在漫长寒冷的冬季，我的脚总是又湿又冷。作为一个小孩，我从来没想过有谁在冬天双脚还是干爽暖和的。

我的父母每天累死累活16个小时，仍然经常债台高筑，厄运连连。我脑海中的最初记忆就是眼睁睁地看着102大河的洪水淹没玉米田和牧场，冲毁一切。洪水毁掉庄稼的事7年中就有6年会发生。我们养的猪也年复一年地死于霍乱，只好将它们焚化掉。现在我闭上眼睛仍能回想起猪肉烧焦时发出的刺鼻气味。

有一年，洪灾没有发生，我们的玉米获得了大丰收，于是买来了肉牛，用自己的玉米把它们养得肥肥的。但是那一年也不比以前洪水淹没玉米的时候好多少，因为芝加哥市场上的肉牛价格下跌了，辛辛苦苦养肥了那些牛，我们才挣了30美元，整整一年的辛苦只赚了30美元！

不管做什么，我们总要赔钱。记得有一次，我父亲买了几匹小骡子，喂养了3年，然后雇人将它们驯服，再运到田纳西州的孟菲斯卖掉，结果价格比3年前买的时候还要低。

经过10年的辛苦劳作，我们不仅一文不名，而且负债累累，农场也被抵押掉了。尽管努力工作，我们还是连抵押贷款的利息都付不起。办理抵押贷款的银行对我父亲大肆侮辱，并威胁要将农场收走。当时父亲已经47岁了，他辛苦了30年之后，只落下一身债务和别人的辱骂。他接受不了这个现实，焦虑万分，身体也垮了。他吃饭没胃口，尽管整天在田里劳作，却还得靠药物来刺激食欲，人越来越消瘦。医生告诉我母亲，他活不过半年了。父亲担心得要命，丧失了活下去的勇气。我常听母亲说，如果父亲到谷仓喂马或挤牛奶，超过了她预想的时间还不回来，她就会去谷仓找他，害怕见到的是一具吊在绳子上的尸体。有一天，他从马里维尔回家，银行的人就是在那儿威胁他要取消赎回抵押的权利。在经过一座桥时，他止住了马匹，下了马车，久久伫立在那里，看着桥下的河水。他的内心经历着激烈的思想斗争，对是否该跳下去了此一生犹豫不决。

后来，父亲告诉我，他没有投河自尽的唯一原因，就是因为母亲一直坚定地深信，只要我们敬爱上帝，遵守戒律，一切都会好转起来。母亲是对的。最终，一切确实都好转起来了。父亲又幸福地度过了42个春秋，1941年去世时已经89岁高龄了。

在那些艰辛的岁月里，我母亲从来不曾忧心着急，她把一切烦恼都通过祈祷向上帝倾诉了。每晚睡觉前，母亲都会朗诵一段《圣经》。母亲或父亲经常会念到耶稣这些让人心安的话："在我父的家里，有许多住处……我若去为你们预备了地方，就必再来接你们到我那里去，我在那里，叫你们也在那里。"[①]在那个孤零零的密苏里农舍里，我们在椅子前面跪下，祈求上帝的眷顾与庇护。

威廉·詹姆斯在哈佛大学任哲学教授时曾说过："治愈忧虑最有效的方法是虔诚的信仰。"

你不用到哈佛大学就能明白这个道理。我母亲就是在密苏里州的农场里自己悟出来的。洪水、债务、灾难，这些都无法摧毁她乐观向上的必胜信念。我仿佛还能听到她边干活边唱：

① 语出《约翰福音》第14章——译者注。

安宁啊安宁，多么美妙，
这是上帝施予的恩惠，
无尽的爱意涌动，祈祷
它能涤荡我的心扉。

我母亲原本希望我献身宗教事业，我也曾慎重考虑成为一位传教士到国外传教。但后来我离家上大学，随着时间的推移，我的想法也有了改变。我研读生物学、基督教科学、哲学和比较宗教学，我博览群书，研究《圣经》是如何写成的，开始对许多说法产生了怀疑，开始质疑当时乡下传教士所教授的一些狭隘教义。我感到迷惘，和沃尔特·惠特曼一样，我“感觉一些稀奇古怪的问题在搅动着我的内心”。我不知道到底该信仰什么，也看不透生命的意义何在。我不再祈祷，变成了一个不可知论者。我认为所有的生命都是没有计划和目的可言的，人们和2亿年前在地球上游荡的恐龙一样，没有什么神圣的目的，总有一天，人类会步恐龙的后尘而消亡。科学告诉我们，太阳正在逐渐冷却，只要它的温度下降哪怕是10%，地球上一切生命都将不复存在。我对上帝依照自己的模样创造人类的说法嗤之以鼻。我坚信，在黑暗、寒冷、死寂的太空中运行着的无数天体，都是由一股无形力量的产物，或许它们根本就不是造出来的，它们也许会永远存在，就像时空一样永存。

我是在自诩洞察一切了吗？当然不是。没有任何人可以解释宇宙和生命的奥秘，我们就身处奥秘之中。身体机能的运行是一个无比深奥的奥秘，家中使用的电，墙缝里的花朵，窗外的青草，这些都是未解之谜。通用汽车公司研究所的主脑人物查尔斯·凯特林曾经自掏腰包，每年资助安提亚克学院3万美元，试图弄清楚树叶为什么是绿色的。他宣称，如果能搞清树叶是如何将阳光、水和二氧化碳转化为糖分的话，我们就能改写人类文明。

甚至连汽车发动机的运转也是个未解之谜。通用汽车公司的实验室研究所花了好几年的时间，耗资上千万美元，就是为了搞清为什么汽缸内的一个火花能引燃一次爆炸，从而驱动汽车，其具体过程又是怎样的。他们还没找到答案。

诚然，我们无法了解身体、电力和汽油发动机的真正原理，但这并不妨碍我们使用它们，享受它们带来的便利。我虽然无法理解祈祷与宗教的真正奥秘，这也不会阻止我享受宗教带来的更加丰富、更加幸福的生活。最终，我体会到了桑塔亚纳在说下面这句话时的睿智："人生来不是要理解生命，而是要体验生命。"

我得说，我又回到了宗教上面，但这么说并不完全准确，我对宗教的认识又向前迈出了一步。我对教会各派教义的差异再无一丝兴趣，我真正感兴趣的，是宗教能带给我什么，就如同我对电力、食物和水的兴趣在于它们对于我的用处一样。它们帮助我过上更富足、更充实、更快乐的生活。相比之下，宗教的影响更为深远，它给我带来精神上的价值。正如威廉·詹姆斯所说，它带给我"一种全新的对生命的热忱……让人生更广阔、更丰富、更令人满足。"它带给我信念、希望和勇气，消除我内心的压力、焦虑、恐惧和忧愁，让我的人生有了目标和方向，让我的幸福感有了极大的提升，也给了我真正的健康。它帮助我为自己开创了“生命荒漠中一块平静的绿洲”。

弗朗西斯·培根350年前有句话说得很有道理：“肤浅的哲学会引导人们成为无神论者，深邃的哲学却将人们指引向宗教。”

记得有段时间，人们常讨论科学与宗教之间的冲突，但现在这种冲突不存在了，最年轻的科学——精神病学所教导正是耶稣当初所宣教的。为什么呢？因为精神病学家发现，祈祷与坚定的宗教信仰可以驱除抑郁、焦虑、心理紧张和恐惧，正是这些不良情绪导致了半数以上的致命疾病。精神病学界泰斗亚·阿·布里尔说过：“真正有宗教信仰的人是不会患精神疾病的。”

如果宗教不复存在，生命就会失去意义，那将是人间悲剧。

亨利·福特去世前几年，我曾经拜访过他。我见到他之前，本以为他这么多年来创立并经营全世界最大的企业，一定承受了巨大的精神压力，所以当我看到他78岁高龄依然淡定祥和，身体健康，着实吃了一惊。我问他有没有担心过什么，他回答：“没有，我相信上帝会处理好一切，他不需要我提任何建议。在上帝的掌控下，我相信一切都会朝着最好的结果发展，那我还需要担心什么呢？”

今天，就连精神病学家都成了现代的福音传道者。他们规劝我们信仰宗教，不是为了躲避来世的炼狱之火，而是为了避免此生的炼狱之火——胃溃疡、心绞痛、精神崩溃和精神失常等等疾病。要了解当今心理学家和精神病学家宣教的东西，可以看看亨利·林克博士的著作《回归宗教》，你在公共图书馆就能找到这本书。

基督教的确可以给人以鼓舞，并改善人们的健康。耶稣说："我来，是为叫你们获得生命，且获得更丰富的生命。"[1]耶稣反对并声讨当时宗教僵硬的形式与死板的仪式。他是叛逆的，他宣扬一种新的宗教，这种宗教足以颠覆整个世界，他因此而被钉死在十字架上。他宣扬说，宗教应该为人而存在，而不是让人为宗教而存在。安息日是为人而定——人不需要为了安息日而活。和罪恶相比，他更多地谈到恐惧，他认为无端的恐惧就是罪恶——一种损害健康的罪恶，一种阻止你享受耶稣倡导的丰富、充实、幸福人生的罪恶。爱默生曾自称为"快乐学教授"，耶稣也是一名"快乐学教师"，他教导他的门徒要"欢喜跳跃"。

耶稣宣称，宗教要义只在两点：虔诚地敬爱上帝，像爱自己一样爱身边的人。任何做到这两点的人，就是一位有信仰的人，不管他自己是否意识到这点。我的岳父亨利·普赖斯就是个很好的例子。他努力践行这条黄金法则，从来不会做任何卑鄙、自私、虚伪的事情。不过，他从来不去教堂，并自称是个无神论者。他才不是呢！是什么让一个人成为基督徒的？我让约翰·贝里来回答这个问题，他或许是在爱丁堡大学教授神学的人当中最杰出的教授了。他说："一个人能成为基督徒，既不在于他接受了某种教义，也不在于他遵循了某种法则，而在于他拥有了某种精神，以及他对生活的积极参与。"

如果以此作为基督徒的标准，那么，亨利·普赖斯绝对当之

---

① 语出《约翰福音》第10章——译者注。

无愧。

现代心理学之父威廉·詹姆斯在写给他朋友托马斯·戴维森教授的信中说，随着年龄渐长，他发现自己“越来越离不开上帝了”。

我在本书的前面章节提到过，评委对学员寄来的克服忧虑的征文左挑右选，仍然难以在两篇精彩的故事中分出伯仲，后来只好把奖金平分给他们。下面是同获一等奖的两篇故事中的第二篇——讲述的是一位女士令人难忘的经历，她在历尽艰辛之后终于认识到，她离不开上帝。

我姑且称她为玛丽·库什曼吧，尽管她的真实姓名并非如此。她现在儿孙满堂，他们看到她的故事被公之于众可能会有点尴尬，所以我答应掩盖掉她的真实身份。不过，这位女士本人是真实存在的——千真万确。几个月前，她坐在我书桌旁边的扶手椅里，跟我讲述了下面的故事：

“经济大萧条时，我丈夫平均周薪是18美元。我们经常连那点钱都拿不到，因为他生病的时候是没有工资的，而这是常有的事儿。他经历过不少小事故，还得过流行性腮腺炎和猩红热，而且经常患流行性感冒。为此，我们亲手建造的小屋也抵押了出去，欠了杂货店50美元，还有五个孩子需要抚养。我从街坊邻居那儿接了点洗熨衣服的活儿，又到救世军商店买回旧衣物，改改再给孩子们穿。我因为烦心而病倒了。有一天，我们欠了50美元的杂货店老板说我11岁的儿子偷了他两支铅笔。我儿子跟我说这事的时候伤心地哭了。我知道他是个诚实而敏感的孩子，我知道他在别人面前受到了侮辱，这件事成了把我击垮的最后一根稻草。我想起了我们经受的一切不幸，却看不到任何对未来的希望。我当时肯定因焦虑而出现了短暂的精神失常，因为我停掉了洗衣机，把五岁的小女儿带进卧室，把所有窗户都关死，用纸和破布把所有缝隙都塞紧了。小女儿不解地问我："妈妈，你在干什么？"我回答："这边有点串风。"接着，我打开卧室里的暖气炉的阀门，却没有点燃它。我和女儿一起躺在床上，女儿说："妈妈，你今天好奇怪啊，我们才刚刚起床啊！"但我说："没事，我们打个盹儿吧。"然后，我闭上了双眼，听着暖气炉中冒出煤气的声音，我永远都忘不了那煤气味……

"忽然间，我似乎听到了音乐声。仔细一听，原来是我忘了关厨房里的收音机，不过现在已经不重要了。可是音乐一直在耳边响起，我听到有人在唱一首古老的赞美诗：

何等恩友，慈仁救主，负我罪孽担我忧。
何等权利，能将万事，来到耶稣座前求！
多少平安，我们坐失，多少痛苦冤枉受，
都是因为，未将万事，来到耶稣座前求。

"听着那首赞美诗，我意识到自己犯了一个可悲的错误：我一直都在独自应付所有的麻烦，没有把一切烦恼在祈祷时向上帝倾诉……我跳下床，关掉煤气，打开门，推开了所有窗户。

"那天余下的时间，我都在哭泣与祈祷中度过。我并不是祈求帮助，我是在真心感谢上帝赐给我的一切：五个活泼可爱的孩子，他们身心都很健康。我向上帝发誓再也不会这么没心没肺了，我一直信守着这个承诺。

“我们的房子被没收了，只能搬到花5美元一个月租来的小小的乡村校舍里，即便如此，我还是感谢上帝，给了我们校舍安身，至少头顶还有东西遮挡风雨。我诚心感谢上帝，情况没有变得更糟。我相信他一定听到了我的心声，因为形势确实好转起来了，虽然不是一夜之间，但随着经济状况的改善，我们攒了一点儿钱。我在一家大型的乡村俱乐部找了份衣帽间管理员的工作，还顺带着卖袜子。为了给自己挣够上大学的学费，我的一个儿子在农场找到了工作，每天早晚为13头母牛挤牛奶。现在，我的子女都已长大成人，结婚生子了，我有三个活泼可爱的孙子。回头想想，那天我差点就死于煤气，我由衷地感谢上帝让我及时‘醒悟’。如果我真的那么做了，将会错失多少欢乐，丢掉多少年的幸福时光啊！现在要是听说谁想寻短见，我真想大声喝止他：‘不要那样做！千万不要！’我们在生命中经历的最黑暗的时刻是短暂的，光明很快就会来到……”

在美国，平均每35分钟就会有一个人自杀，平均每2分钟就有一个人精神失常。如果这些人在宗教信仰和祈祷中得到精神的抚慰和平静，也许大部分自杀或精神失常的悲剧就可以避免。

仍然健在的著名精神分析学家卡尔·荣格博士在他的著作《寻找灵魂的现代人》一书中写道：“在过去30年里，世界各地所有的文明国家都有人来咨询我。我给成百上千的患者进行了治疗。所有进入人生后半程的患者——也就是说，年龄超过35岁的人——解决问题的最终手段都是寻求宗教信仰的帮助。可以肯定地说，他们每个人都是因为在现实生活中失去了各阶段应有的信仰而患病的。不能重拾信仰，谁都难以真正康复。"

这段话太重要了，我要用黑体再重复一遍。

卡尔·荣格博士说：

在过去30年里，世界各地所有的文明国家都有人来咨询我。我给成百上千的患者进行了治疗。所有进入人生后半程的患者——也就是说，年龄超过35岁的人——解决问题的最终手段都是寻求宗教信仰的帮助。可以肯定地说，他们每个人都是因为在现实生活中失去了各阶段应有的信仰而患病的。不能重拾信仰，谁都难以真正康复。

威廉·詹姆斯也曾说过类似的话："信仰是人类赖以生存的力量之一。信仰的完全缺失就意味着崩溃。"

已故的圣雄甘地是继佛陀之后印度最伟大的领袖，如果不是靠祈祷带给他的精神力量来激励自己，他也可能早就崩溃了。我是怎么知道的呢？因为甘地自己说过："如果没有祈祷，我早就精神失常了。"

成千上万的人都可以给出类似的证据。就像我前面提到的，我自己的父亲如果不是被母亲的祈祷与信念感染，他早就投河自尽了。如果那些在精神病院经受痛苦煎熬的人们能求助于更高层次的力量，而不只是孤军奋战，他们可能早就得到救赎了。

当我们筋疲力尽，感到自己无能为力时，很多人才在绝望中转而向上帝求救——"散兵坑里没有无神论者"。可为什么非要等到深陷绝望呢？为什么不能每天都让我们的力量得到重生？为什么要等到礼拜日才想起神的力量？多年以来，我已经养成了一个习惯，在工作日的下午到空荡荡的教堂去。当我感到自己每天忙忙碌碌疲于奔命，连精神反思的几分钟时间都抽不出来的时候，我就对自己说："戴尔·卡耐基，等一等！你这个渺小的人啊，风风火火本来跑去到底是为什么？你应该停下来反省一下了。"这种时候，我常常随机造访一座开着门的教堂。虽然我是新教教徒，但是我经常在工作日的下午到纽约第五大道的圣帕特里克大教堂去，并且告诫自己，再活30年我可能就会死去，但所有教堂宣教的伟大真理都是永恒的。当我闭目祈祷时，我发现这样做能平复我的神经，放松我的身体，澄明我的思维，并且帮我重新审视自己的价值观念。我把这个方法推荐给你，好吗？

在过去的6年时间里，我为写作这本书搜集了数百个具体的案例，都是关于人们如何通过祈祷战胜恐惧和忧虑的。这些案例的材料塞满了我档案柜内的文件夹。下面挑一个典型的例子，看看一个灰心丧气、备受打击的图书销售员的故事。他叫乔治·安东尼，现在是德州休斯敦市的一名律师，在亨布尔大厦[①]开办有自己的公司。下面就是他给我讲述的故事：

"22年前，我关闭了自己开的律师事务所，成为一家全国性的法律书籍公司在我们州的业务代表，专职向律师们推销一套法律书籍——这套书对于他们来说几乎是不可或缺的。

① 该大厦也叫亨布尔石油大厦，是艾克森－美孚大厦的前身，为当时密西西比河西部最高建筑——译者注。

“我为干好这份工作接受了全面有效的培训。我掌握了直销的谈话技巧，也知道怎么有效应对一切可能出现的拒绝言辞。拜访客户前，我都是先了解他在法律界的状况、业务性质、他的政治理念和生活爱好。在交谈过程中，我也很有技巧地运用了他的这些信息。可是，不知道什么地方出了问题，我就是接不到订单。

“我越来越没有信心，时间一天一天、一周一周过去了，我努力再努力，但完成的订单仍然不足以维持开销。一种忧惧的情绪在我内心滋长起来，我开始害怕去拜访客户。在进入客户的办公室前，我内心的恐惧感会骤然增强，我会在门外的走廊上来回徘徊，或者到外面绕着大楼走上几圈。在浪费了大量宝贵的时间之后，我才佯作勇敢地敲响办公室的门，一边战战兢兢地转动门把手，一边在心里期盼客户不在他的办公室！

“那段时间，我的销售经理也威胁我，如果再签不到足够的订单，他就不再给我预支工资了。我妻子也找我要钱，偿还她和三个孩子在杂货店欠的账。忧虑的情绪控制了我，我一天比一天绝望，不知道该怎么办。前面说过，我已经关闭了自己的私人律师事务所，所有的客户也都不再联系。现在，我完全破产了，连旅馆的账单都付不起。我没钱买票回家，即便买得起车票，我这个颓废的人也没有勇气再回去。最后，在结束了某一天痛苦的生活后，我疲惫不堪地回到旅馆房间——我想，这是最后一次了。于我而言，生活彻底完蛋了。

“我心力交瘁，情绪低落，不知道该何去何从。我已无所谓生死，甚至后悔来到这个世界上。那天的晚餐，除了一杯热牛奶，我什么都没有吃，甚至连这杯牛奶都支付不起。那晚我终于明白，那些走投无路的人为什么会打开旅馆的窗户跳下去，如果有足够勇气的话，我也会那么做的。我不知道人活着到底是为了什么。我不知道，我想不透。

“既然无人可以倾诉，我只好求助于上帝。我开始祈祷，祈求万能的上帝赐给我光明与希望，引导我走出那笼罩在我周围的黑暗绝境。我祈求上帝让我能接到订单，让我有钱养活妻儿。祈祷完，我睁开眼睛，在那个孤独的旅馆房间里看到衣柜上放着一本《基甸圣经》[①]，我打开它，读到了一段优美的不朽文字，耶稣的这些话语想必感召过古往今来无数孤独、忧虑、颓废的人们。这段话是耶稣在教导门徒如何克服忧虑时说的：

“‘不要为生命忧虑吃什么，喝什么；为身体忧虑穿什么。生命不胜于饮食吗？身体不胜于衣裳吗？你们看那天上的飞鸟，也不种，也不收，也不积蓄在仓里，你们的天父尚且养活它。你们不比飞鸟贵重得多吗？……你们要先求他的国和他的义，这些东西都要加给你们了。’[②]

“我一边祈祷，一边读着这些句子，就在这时，奇迹发生了：我紧绷的神经松弛了下来，我的焦虑、恐惧、忧心全都转化为勇气、希望和必胜的信念。

“虽然我还是没钱付旅馆的账单，但我心情却好了起来。我上了床便无忧无虑地沉沉睡去——很多年都没能这样了。

---

① 由国际福音组织“基甸国际”分送到全球各大旅社的圣经。

② 语出《马太福音》第6章。

“第二天早上，我迫不及待地等着客户上班。在那个阴冷但却美丽的雨天，我迈着积极自信的步伐，来到第一位客户的办公室前，坚定而沉稳地转动了门把手。进去后，我径直走向他，精神饱满，意气风发，面带微笑而不失尊严地说：‘早上好，史密斯先生，我是全美法律书籍公司的约翰·安东尼！’

“‘噢！你好，你好！’他也面带微笑地回答，并从座椅上起身，伸出了手说：‘幸会幸会，请坐！’

“那天，我完成的销售额比过去的几个星期还多，当晚我像胜利的英雄一样骄傲地回到旅馆。我感觉像换了一个人，而且确实面貌一新，因为我有了全新的精神面貌和必胜的信念。那晚我不再只喝一杯热牛奶，而是点了一份牛排套餐！自那天以后，我的销售业绩突飞猛进。

“21年前，在德州阿马里洛市一个小旅馆度过的那个绝望的夜晚让我重获新生。虽然第二天所面对的外部环境跟之前我经历失败的几周并没有什么不同，但我的内心发生了巨大的改变。我突然明白了自己与上帝之间的关系，单独一个人的力量很容易被生活打败，但内心充满上帝赋予的力量的人是不可战胜的！我体会到了，我亲眼看见它在我的生活中发挥了作用。”

耶稣说：“你们祈求，就给你们；寻找，就寻见；叩门，就给你们开门。”①

我知道，有些人认为宗教只适合儿童、妇女和教士，他们总

---

① 语出《马太福音》第7章。

是认为自己是‘男子汉’，一个人就可以冲锋陷阵。

如果他们知道，世界上一些最著名的“男子汉”也是每天都在祈祷，他们一定会十分惊讶。例如，“男子汉”杰克·登普西就曾告诉我，他每天上床睡觉之前都要祷告，也从不忘记在饭前感谢上帝的恩赐。每天训练前他要祷告，在比赛中每个回合铃响之前，他也要祷告。他说：“祈祷能让我在比赛时充满勇气和信心。”

“男子汉”康尼·麦克告诉我，如果没有祈祷，他就不能入眠。

“男子汉”埃迪·里肯巴克告诉我，他坚信他的生命得救于祷告，因此，他每天都要祈祷。

曾任通用汽车公司和美国钢铁公司高管、并曾出任美国国务卿的“男子汉”爱德华·雷·斯特丁纽斯曾对我说，他每天早晚都会祈求上帝赐予智慧，指明方向。

海军少将伯德知道“将自己和驱动宇宙运转的无尽动力结合起来”是什么意思，他因为做到了这一点而度过了生命中最艰难的阶段。他在《孤寂》一书中对此进行了描述。1934年，他在南极深处被罗斯冰障的冰帽掩埋着的一个小屋中度过了整整五个月。他当时是南纬78度以南地区的唯一生物。

暴风雪在他的小屋上面咆哮，气温跌到了零下82度，他被无尽的慢慢长夜笼罩着。后来，他惊恐地发现，炉灶中释放出的一氧化碳正让他慢慢中毒！他该怎么办？最近的救援队也远在123英里之外，要达到他这里得几个月的时间。他试着修理炉子和通风系统，但毒气仍然在泄露，经常让他昏倒，倒在地上不省人事。他吃不下饭，也睡不着觉，身体日渐虚弱，连下床都困难。他老是担心自己活不到天亮，会死在那个小屋里，长眠于这永恒的冰雪世界。

是什么挽救了他的性命呢？有一天，在绝望之中，他拿出日记，准备记下自己对人生的感悟。他写道："人，活在世间并不孤独。"他想到了满天的繁星，想到它们有规律的运行，想到永恒的太阳终将照亮南极这片荒原的每一个角落。于是他在日记里写道："我并不孤独。"

即便是在地球尽头冰天雪地的一个洞穴里，自己也并不孤独，理查德·伯德的这个意识拯救了他自己的生命。"我知道是这种信念支撑我渡过难关，"他后来说，"没有人能在一生中耗尽他所有内在的能量，人的体内积聚的力量有些从来就没有被利用到。"伯德通过寻求上帝的帮助，学会了如何利用这些力量源泉。

海军少将伯德在南极冰帽中学到的道理，格伦·阿诺德在伊利诺伊州的玉米地里也学到了。阿诺德先生是一个保险经纪人，在伊利诺伊州奇利科西市的培根大厦工作。在谈到如何战胜忧虑时，他是这么说的：

8年前，我锁上我家的大门，当时我相信那时我今生最后一次锁上大门。我爬上车，一直朝河边开去。我是个失败者。一个月前，我的世界整个塌了下来。我经营的电器生意触了礁，家中的老母卧在病榻上行将就木，而妻子又要生下第二个孩子。医生的账单堆积如山，当初开始创业的时候已经把家中的一切都做了抵押，包括车子、家具，我甚至连保险单都拿去抵押贷了款。现在一切都泡汤了，我已经走投无路。因此，我上了车，向河里开去，决心了结这乱糟糟的一切。

往郊外开出几里路，我把车子停在路边，下车坐到地上像个孩子似的放声痛哭。哭过之后，我开始了真正的思考，而不是在忧虑担心中原地打转，我要进行积极的思索。我目前的处境到底有多糟？真的没有希望了吗？我该怎么去改善这种局面？

想到这里，我当时立刻就决定把所有问题都托付给上帝，让他来处理。我开始祈祷，认认真真地，就好像我的全部生命都仰赖这次祈祷——事实也正是这样。此时奇怪的事情发生了。当我把一切问题托付给更伟大的力量后，我立即感到内心平静了下来，这是几个月来从没有过的。我坐在那儿大约有半个小时，一边哭泣一边祷告。接着我回到家中，像孩子般地安然入睡。

第二天早上，我满怀信心地起了床。我不再为任何事情担心，因为我知道上帝会指引我。那天上午，我昂首挺胸地走进当地一家百货公司，满怀信心地应聘电器部销售员的岗位。我知道自己会得到这份工作，而事实也是如此。我干得很出色，直到这家电器公司因战争爆发而倒闭。后来我又开始销售人寿保险——仍然是在伟大导师的指引之下，那仅仅是5年前的事情。现在，我付清了所有的账单，家中有了3个聪明可爱的孩子，有了自己的房子和一辆新车，并且还有一份价值2.5万美元的人寿保单。

回首往事，我很高兴当时曾经失去了一切并在绝望中去往河边，因为那场灾难教会我接受上帝的指引；我现在内心一片平静，充满信心，这是过去想都不敢想的。

为什么宗教信仰会给我们带来平静、安详和坚毅？我会让威廉·詹姆斯来回答这个问题。他说："海面汹涌的巨浪不会扰乱海底的平静；一个人若能从更宽广更永恒的视野看待现实人生，那么那些与个人命运相关的日常琐事就会显得微不足道。真正信仰宗教的人同样会心若止水，不受动摇，无论日常生活发生了怎样的变故，都能从容面对。"

当我们烦恼焦虑时，为什么不试着寻求上帝的帮助？为什么不能像伊曼纽尔·康德说的那样，"信仰上帝吧！因为我们需要这种信仰"？我们何不"将自已和驱动宇宙运转的无尽动力结合起来"呢？

即使你天生就不是一位虔诚的教徒，也没有接受这方面的训练，即使你是一个彻头彻尾的怀疑论者，祈祷还是会给你带来意想不到的好处，因为这一切都是实实在在的。我说"实实在在"是什么意思呢？我是说，不管你是否信仰上帝，祈祷都可以满足普通人的下列3个基本心理需求：

1. 祈祷帮我们把心中的烦恼准确地说出来。在第四章里我们曾经说过，一个模糊不清的问题是不可能得到解决的。从某种意义上来说，祈祷特别像把问题写在一张纸上，如果我们想寻求帮助，哪怕是向上帝求助，我们也得先把它说清楚。

2. 祈祷让我们有一种与人分担痛苦、不再孤单的感觉。没有几个人能够坚强到独自承受所有的负担与痛苦。有时候，我们的烦恼可能极为隐私，对最亲近的亲人和朋友都难以启齿，这时祷告就可以解决问题。心理医生告诉我们：当我们情感压抑或紧张，抑或遭受精神上的痛苦时，把烦恼告诉别人，可以起到治疗的效果。如果我们不便告诉别人，总还可以向上帝倾诉。

3. 祈祷是采取有效措施的一种形式，它是真正行动的前奏。我相信，一个人日复一日地祈祷，总会有所收获——换句话说，他一定会做些什么去渡过难关。世界著名的科学家卡雷尔博士曾说过："祈祷这种形式能使人们产生最大的力量。"既然如此，我们为什么不去运用它呢？你称他为上帝、安拉或者神仙都可以，只要这种神秘的自然力量能给我们以帮助，又何必浪费时间去争执称呼呢？

为什么不现在就合上手中的书，走进卧室，关上门，跪下来，卸下你心头的负担？如果你失去了信仰，那就祈求上帝让你重建信仰吧！你可以说："哦，上帝，我不能再孤身奋战了，我需要您的帮助和爱心。请原谅我一切的过错，洗清我内心所有的罪恶，为我指明获得安宁、平静和健康的道路，让我的内心充满爱意，哪怕是对敌人也不怨恨。"

如果你不知道怎么祈祷，那就重复七百年前圣方济各写的这段优美而鼓舞人心的祈祷文吧：

主啊，求你使我们成为你和平的工具，在有仇恨的地方，让我播种仁爱，在有伤害的地方，让我播种宽恕，在有猜疑的地方，让我播种信任，在有绝望的地方，让我播种希望，在有黑暗的地方，让我播种光明，在有悲伤的地方，让我播种喜乐。

主啊，求你给予我们那梦寐以求的，叫我们不求安慰，但去安慰，不求理解，但去理解，不求被爱，但去爱。因为，给予就是我们的收获，宽恕别人，我们就被宽恕，这样的死亡，就是我们的新生。

编辑荐语:

这里有一段耶稣教导的祷告，希望帮到你们。

我们在天上的父，愿人都尊你的名为圣。愿你的国降临；愿你的旨意行在地上，如同行在天上。我们日用的饮食，今日赐给我们。免我们的债，如同我们免了人的债。不叫我们遇见试探；救我们脱离凶恶。因为国度、权柄、荣耀，全是你的，直到永远。阿门。

马太福音

读书笔记:

第六章　面对批评泰然处之

1 批评是变相的恭维

1929年，美国教育界发生了一件轰动全国的大事，各地的学界人士都涌到芝加哥去见证这个大事件。几年前，一个名叫罗伯特·哈钦斯的年轻人边工边学在耶鲁大学完成了学业，他做过服务生、伐木工人、家庭教师，还卖过晾衣绳。现在，仅仅8年之后，他竟要就任全美第四富有的芝加哥大学的校长了！他多大了？30岁。太不可思议了！老一辈的教育工作者都大摇其头，各种批评纷至沓来，像山上崩落的岩石，朝这个“神奇小子”砸来。人们说他这样也不好，那样也不好——太年轻、经验不足、他的教育理念太过荒谬。连各大报纸都加入口诛笔伐的阵营。

在罗伯特·哈钦斯上任那天，一个朋友对他的父亲说：“今天早上看报纸，发现社论在批评你儿子，我真吃了一惊。”

“是啊，”老哈钦斯回答道，“批评很激烈，不过要记住，从来没有人会去踢一只死狗。”

不错，这只狗越是重要，人们踢打它时所得到的满足感也就越强烈。后来成为英国国王爱德华八世（现在是温莎公爵）的威尔士王子对此有过切身的体会。当时王子大约14岁，就读于德文郡的达特茅斯学院，这所学校相当于美国安纳波利斯的海军军官学院。一天，一位海军军官发现他在哭泣，就问他发生了什么事。一开始他不肯说，但后来终于说出了真相：原来他被几个海军学员踢了。学院院长把所有学生召集起来，告诉他们，王子其实并没有向老师告状，但他一定要查清楚为什么单单王子遭到这样粗暴的对待。

在一番支支吾吾、吞吞吐吐之后，那些学员终于承认说，他们这么做是想等自己以后成为皇家海军指挥官时，可以向别人吹嘘，他们曾经踢过国王的屁股！

所以，如果你遭到别人的攻击和批评，请记住，他们之所以这样做，是因为他们的自重感因此得到了满足。这往往表明你取得了一定的成就，而且值得别人关注。很多人在指责那些教育程度比自己高，或者在某些方面比自己成功的人的时候，就会产生巨大的满足感。比如说，就在我创作本章内容的时候，一位女士给我写了一封信，痛骂救世军创办人威廉·布思将军。因为我在广播中做过一期节目，对布思将军进行了褒扬，这位女士就写信告诉我，说布思将军曾经侵吞了用于救助穷人的800万美元筹款。这种指控当然是荒谬的，而这位女士的目的也不是想弄清事实真相，她只想打倒一个远比她高尚的人，从而让自己狭隘的心胸得到满足。我把她充满恶毒话语的信扔进了废纸篓，然后感谢上帝，没有让我娶这样的女人。她的信没有改变我对布思将军的看法，倒是让我认清了她自己。叔本华多年前说过："小人因为伟人的错误和过失而倍感兴奋。"

没有人会相信耶鲁大学校长会是个小人，但曾任耶鲁大学校长的提摩西·德怀特却显然以诋毁一位美国总统竞选人为乐。这位耶鲁校长警告说，如果此人当选美国总统，"我们的妻女将会成为合法娼妓的牺牲品，眼睁睁地蒙羞受辱，斯文扫地，道德沦丧，人神共愤。"

听起来像是在谴责希特勒吧？事实上他是在谩骂托马斯·杰弗逊。哪个托马斯·杰弗逊？肯定不会是那个不朽的伟人托马斯·杰弗逊，不会是那个《独立宣言》的起草者、民主政体的守护神吧？错了，正是这个人。

猜猜看，有哪位美国人曾被人骂做"伪君子""骗子""比谋杀犯好不了多少"？报纸上曾有一幅漫画，画着他伏在断头台上，一把大刀正准备砍下他的脑袋。他骑马穿过街道的时候，一大群人朝他又骂又嘘。他是谁呢？乔治·华盛顿。

不过那是很久以前的事了，也许人性从那以后已经有所进步了吧。让我们看看海军上将罗伯特·皮尔里的例子吧。这位探险家于1909年4月6日乘着狗拉的雪橇到达了北极点，一举震惊世界。几百年来，无数勇士历尽艰辛，甚至失去了生命，就是为了实现这个目标。皮尔里也差点死于饥寒交迫，还有8个脚趾被严重冻伤而不得不切除。他几乎难以承受一路上的各种艰险，甚至担心自己会神经错乱。而在华盛顿，他的那些海军上司们却因为皮尔里声名鹊起而感到愤怒。于是，他们诬告他假借科学研究之名筹集经费，却在北极“无所事事地到处闲逛”。而且，他们或许也真的相信这种指责了，因为当你主观上愿意相信的时候，就很难再让你不相信了。他们打定主意要羞辱并封杀皮尔里，直到美国总统麦金利亲自下令，才让皮尔里得以在北极地区完成他的事业。

如果皮尔里当时在华盛顿的海军总部上班，还会有人这样指责他吗？不会的，那样的话他就不会引起别人的嫉妒了。

格兰特将军的遭遇比皮尔里上将还要悲惨。1862年，格兰特将军赢得了北方军的第一次决定性胜利，这次胜利是在一个下午的时间内取得的，也使格兰特一夜之间成为全体国民的偶像，甚至在遥远的欧洲都引起了巨大反响。从缅因州到密西西比河沿岸，教堂的钟声为之响起，庆祝的篝火也为他点燃。可是，就在取得那次大捷之后的六周内，北方军的英雄格兰特将军就被逮捕了，手下的部队也被夺走。他在屈辱与绝望之中悲伤痛哭。

为什么格兰特将军会在胜利的高峰时被拘捕呢？主要是因为他引起了那些傲慢的长官对他的艳羡与嫉妒。

「当我们因遭到不公正的批评而陷入忧虑时，要做到：

原则一：

不公正的批评往往就是变相的恭维。要记住，没有人会去踢一只死狗。」

编辑荐语:

我相信，人人都曾经或者迟早会遭受到不公正的批评，那么把它当作是变相的恭维该是怎样的胸襟呢？相信对我的焦虑症有好处，可以试试。

读书笔记:

2 面对批评 一笑了之

有一次，我访问斯梅德利·巴特勒少将，就是绰号“老锥子眼”“地狱恶魔”的那个巴特勒。还记得他吗？他是所有统率过海军陆战队的将军里最丰富多彩、最会摆谱儿的人。

他告诉我，他年轻时急于成名，渴望给每个人留下良好的印象。那段日子，只要一点点批评都会让他痛苦万分。不过他承认，在海军陆战队的30年让他坚强了许多。他说：“我曾被人痛斥、侮辱，被骂成是黄狗、毒蛇、臭鼬，我还被那些骂人专家诅咒过，他们用英语中都没法摆上桌面的肮脏字眼来骂我。这些会让我懊恼吗？呵呵！现在要是听到有人在背后骂我，我都懒得回头去看是谁在说话。”

也许是“老锥子眼”巴特勒把批评太不当一回事了，不过有一点是肯定的：我们中的大多数人把这种对我们的冷嘲热讽看得太过严重了。我记得几年前有一次，一位纽约《太阳报》的记者来参加我的成人教育班示范授课，然后写了一篇报道，对我和我的事业大加讽刺。我生气了吗？是的，我认为这是对我个人的一种侮辱，于是打电话给《太阳报》执行委员会主席吉尔·霍奇斯，要求他刊登一篇文章澄清事实，而不是这样嘲讽攻击我。我当时决心要让他们为自己的错误付出相应的代价。

现在我对当时的做法深感惭愧。我现在明白了，买那份报纸的人中，一半的人根本就看不到那篇文章；读到这篇文章的读者中，又有一半会拿它当娱乐谈资，而另一半以幸灾乐祸的心态看这篇文章的人会在几周内把它忘得一干二净。

我现在知道，没有人真正关心你我的事情，或是在意别人怎么议论我们。他们只会想到自己的事，从早上睁开眼一直到午夜上床睡觉。他们对自己一点儿头疼脑热的关心，要远超对你我死讯的关心。

即使你我被人骗了，遭人嘲笑，被人出卖，背后挨了一刀，或者遭到某个最亲近的好友的背叛，我们也不要深陷自怜的深渊。相反，我们可以提醒自己，发生在耶稣身上的也正是这样的事情。在耶稣12个最亲密的朋友中，有一个人因为一点赏金而背叛了他，这个人所贪图的，用现在的钱币衡量的话大约只有19美元。另一个最亲密的朋友在耶稣深陷麻烦时公然背弃了他，三次宣称不认识耶稣，甚至还发了誓。六分之一！这就是耶稣的遭遇，你我又凭什么期望得到更好的结果呢？

很多年前我就发现，虽然无法阻止别人对我进行不公正的批评，但有一件更重要的事我可以做到：我们可以自主决定是否为无端指责所扰。

让我把话说得更清楚些：我并非提倡对所有的批评都置之不理，绝不是这个意思。我只是说，要忽略那些不公平的批评。有一次，我请教埃莉诺·罗斯福，她如何应对不公平的批评——真主知道她受尽了这类批评。在白宫生活过的女人中，她是拥有最多挚友，同时拥有最多劲敌的人。

她告诉我，她年轻时非常害羞，特别在意别人会说什么。她对批评异常敏感，于是有一天就去请教她的姑妈——即西奥多·罗斯福的姐姐。她说道："拜伊姑妈，我想做一些事，可是又怕会被人批评。"

西奥多·罗斯福的姐姐正视着她说："只要你在内心相信自己做的是对的，就不要在意别人说些什么。"埃莉诺·罗斯福告诉我，多年后她进入了白宫，那句话成了她内心坚如磐石的精神支柱。她告诉我，要免遭批评，唯一的方法就是像梅森瓷器[①]一样束之高阁，所以，"自认为正确的事情就去做——反正不管怎样你都会受到批评的。你做了人家会骂，你不做人家还是会骂。"这就是她的忠告。

已故的马修·布拉什曾是位于华尔街40号的美国国际公司的总裁，我曾问他对别人的批评是否敏感，他回答说："没错，年轻的时候我确实对别人的批评非常敏感，我当时渴望全公司的员工都认为我是完美无缺的。如果他们不这么认为，我就会很烦

① 梅森是德国的一个小镇，有"欧洲瓷都"之称。梅森瓷器是欧洲第一名瓷，也是世界上最昂贵的瓷器，其创立发展与景德镇有着源远流长的关系。

心。我会设法取悦第一个人对我有怨言的人，但我往往又因此得罪了另一个人。于是我又得安抚第二个人，结果惹得更多其他人牢骚满腹。后来我终于发现，我越想着去安抚别人以免遭批评，树敌就越多。所以，最后我告诉自己："如果你出人头地了，就注定要被别人批评，所以还是想办法习惯它吧！"这帮了我很大的忙。从那以后，我只管尽力而为，然后撑起我的破伞，让批评的雨水顺伞滑落，而不再让它滴到我脖子里。"

作曲家迪姆斯·泰勒做得更绝，他让批评的雨水流入自己的脖子，然后对它一笑了之——还是在公共场合。有一次，他在周日下午的纽约爱乐交响乐团空中音乐会节目中做中场评论，有位女士写信给他，骂他是"骗子、叛徒、毒蛇和白痴"。

在第二周的广播节目中，泰勒把这封信念给几百万听众听。他在《人与音乐》一书中告诉我们，几天之后，他又收到这位女士的来信，"表示坚持她原来的想法，说我仍然是骗子、叛徒、毒蛇和白痴。我怀疑她根本就不在乎自己说过的话。"我们不得不佩服能以这种态度应对批评的人。我们佩服的是他的平静、淡定以及他的幽默感。

美国企业家查尔斯·施瓦布在对普林斯顿大学学生发表演讲时坦白说，他所学到的最重要的一课，是施瓦布钢铁厂中的一个德国老头教给他的。这个德国老头跟其他钢铁工人发生了一场激烈的争辩，结果他们把他丢到河里去了。施瓦布先生说道："当他走到我的办公室时，浑身都是泥水，我问他对那些把他丢到河里的人说了些什么，他回答说：'我什么都没说，只是一笑了之。’”

施瓦布先生说，后来他就把这个德国老头的话“一笑了之”作为自己的座右铭。

当你受到别人无端攻讦时，这句座右铭尤其管用。别人骂你的时候，你可以反唇相讥，但如果那些人只是“一笑了之”，你还能说什么呢？

如果没有学会不去理会各种疯狂的攻击，林肯可能早就在内战的压力之下崩溃了。他最终说道：“对于那些攻击我的言论，不要说去一一回应了，哪怕只是看一看，那我这一摊子也就甭想正常运转下去了，还不如随便干点其他事儿呢。我会尽我所能做好要做的事情，我是说一直如此，直到生命的终点。如果结果证明我是对的，那么所有的责难都没有任何意义。如果结果证明是我错了，那么即使有十位天使作证说我是正确的，也于事无补了。”

「当我们受到无端的攻击时，要做到：

原则二：

尽你所能去做事，然后撑起伞，不让批评的雨滴流进你的脖子里去。」

编辑荐语:

如果你认真阅读这本书并且做了笔记，而且照做了，那么，现在遇到骂你的人，你是否能“一笑了之”呢?

读书笔记:

3　自我反省 纠正错误

我的档案柜里有一个名为“蠢事录”的私人档案夹，意思是“我所做过的蠢事”。我把所做过的蠢事都记录在这个档案夹里。有时，我把这些情况口述给我的秘书记录下来，但有些时候这些事情太私密、太愚蠢了，我不好意思请秘书代为记录，就自己把它们抄了下来。

我还记得15年前对我戴尔·卡耐基的一些批评，现在还放在“蠢事录”档案夹里。如果我当时完全实事求是的话，现在这个档案夹早就因为“做过的蠢事”而爆满了。老实说，我倒可以重复一下两千多年前扫罗王说的一句话：“我是个傻瓜，犯了太多的错误。”

每次我拿出那个“蠢事录”档案，重新浏览我记录下来的别人对自己的批评，都能帮助我处理所面临的最棘手的问题——自我管理。

我曾经把自己的麻烦归罪到别人身上，不过随着年龄的增长——希望也增长了智慧——我发现，归根结底自己才是应该为几乎所有这些问题负责的人。很多人随着年纪的增长都会认识到这一点。拿破仑被流放到圣赫勒拿岛时说过："我的失败不怪别人，只怪我自己。我最大的敌人其实是我自己，这也是酿成我悲剧命运的主因。"

我下面要给你讲一个故事，其主角在自我评价和管理方面非常在行，他叫豪厄尔。1944年7月31日，当他在纽约大使宾馆的药房突然身亡的消息迅速在全国传开的时候，华尔街震动了，因为他是美国财经界的领袖，曾出任位于华尔街56号的美国商业信托银行董事长，还是几家大公司的董事。他没受过多少正规教育，一开始在一个乡镇的小店做店员，后来成了美国钢铁公司信用部经理，随后不断得到提升，权力也越来越大。

我曾向豪厄尔先生请教成功的秘诀，他告诉我说：

我有个记事本，多年来一直用它记录日常的约会情况。我家人从来不给我安排周六晚间的活动，因为他们知道，我每个周六晚上都会留出一段时间作自我检讨，回顾并评估我在这一周中的工作情况。晚餐后，我就独自一人打开记事本，回顾自周一早晨以来所参与的所有会面、讨论以及会议。我问自己："我当时做错什么了吗？""做过的哪些事情是正确的？"当时怎样做会更好？""我能从这次经验中吸取什么教训？"这种每周进行的总结有时弄得我很不开心，有时我对自己犯的错误都吃惊不已。当然，随着岁月流逝，这种错误倒是越来越少了。这种年复一年的自我分析给了我很大的帮助，比我做过的任何事情都更加有用。

豪厄尔这个做法或许是从本杰明·富兰克林那里获得的启发，只不过富兰克林并不是等到周六晚上，他是每天晚上都进行严格的自我反省。他发现自己有13项严重的错误，其中三项是：浪费时间、因琐事烦心、与人争论。精明的老富兰克林知道，如果不改掉这些缺点，他是不会走得太远的。因此，他一周内每天与某一个缺点斗争，并记录下斗争的结果。第二周，他挑出另一个坏习惯，像参加拳击比赛一样，戴上拳套，等铃声一响就从拳台角落走出来，开始战斗。在两年多的时间里，富兰克林每周都与自己的缺点进行着这样的斗争。

难怪他会成为美国有史以来最受人爱戴、最具影响力的人物之一。

埃尔伯特·哈伯德曾说过："每个人一天中至少有5分钟时间是个大笨蛋，所谓的智慧就是不超过这个界限。"

一般人受到一点点批评就会勃然大怒，而睿智的人则积极向那些非难他、指责他、与他有过交锋的人学习。对此，沃尔特·惠特曼是这么说的："难道你只能从仰慕你、喜欢你、支持你的人那里学习吗？从那些拒绝你、反对你，或者与你交锋的人那里，不是可以学到更多吗？"

与其等待敌人来攻击我们和我们的工作，倒不如自己动手先把它做好。让我们成为自己最严格的批评家，让我们找出自己所有的弱点并进行补救，让敌人没有机会，无话可说。查尔斯·达尔文就是这样做的。事实上，他花了15年时间来批评——事情是这样的：当达尔文完成其不朽著作《物种起源》的手稿时，他已经意识到，发表这个革命性的学说一定会震惊整个知识界和宗教界。因此，他主动进行自我批判，花费了15年时间来查证数据，推敲论证过程，批判自己的结论。

如果有人骂你是个“大笨蛋”，你会怎么做？感到生气？怒火中烧？下面是林肯的做法：林肯的军务部长爱德华·斯坦顿就曾这样骂林肯“大笨蛋”，他是因为林肯干扰自己的事务而发脾气的。为了取悦一个自私自利的政客，林肯签署了一项调动部队的命令。斯坦顿不但拒绝执行林肯的命令，还骂林肯签署这项命令简直就是个大笨蛋。斯坦顿的话传到林肯的耳朵里时，林肯平静地回答：“如果斯坦顿说我是个大笨蛋，那我肯定真是笨蛋了，因为他几乎每次都是对的，我得过去跟他谈谈。”

林肯真的去见了斯坦顿。斯坦顿说服他这项命令是错误的，林肯就此收回了成命。对于那些认真的、基于事实的批评，林肯是持欢迎态度的，因为他可以从中得到帮助。

我们也应该学会接受这样的批评，因为我们甚至都不能指望所做的事情里面有四分之三是正确的，起码西奥多·罗斯福入主白宫期间也就抱着这样的期望。当今最深邃的思想家爱因斯坦也坦承，他的结论有99%都是错误的。

法国伦理作家拉罗什富科曾说：“敌人对我们的看法比我们自己的观点往往更接近真相。”

我知道，这句话很多时候是正确的，可是一旦有人对我提出批评，如果不提醒自己，我还是会不由自主地立刻进行辩白——此前我甚至连批评者要说什么都一概不知。每次这样做了之后，我们往往讨厌被批评而乐于被赞赏，却不管这批评或赞赏是否言之有据。我们是非理性、情绪化的动物。我们的理性就像深沉、狂暴的情绪海洋里不停颠簸的一叶扁舟。我们大多数人对于当下的自我往往感觉良好，然而，四十年后再回头看看，我们可能会对现在的自己嗤之以鼻。

有着“历史上最有名的小报编辑”称号的威廉·艾伦·怀特就回头打量了一下自己，把50年前的那个年轻人描述为“自以为是、恬不知耻的傻瓜，目空一切、妄自尊大的反动者。”二十年之后，你我有可能使用同样的形容词来描述今天的自己，我们还可能……谁知道呢？

在前面的章节中，我谈到了应对无端攻讦的办法，不过这里还有另一种思路：当你感觉被他人无端指责而怒气升腾时，为什么不对自己说：“等等……我本来就不是完美的，连爱因斯坦都承认自己的结论99%是错误的，那我至少有80%的时候会犯错误。也许我就该受到这样的批评。如果真的是这样，我就应该心存感激，并设法从中获益。”

白速得公司总裁查尔斯·卢克曼每年用100万美元请著名主持人鲍伯·霍普主持一档节目。他从不关注那些赞扬节目的信件，却坚持要看那些批判性的来信。他知道从批评中能学到一些东西。

福特汽车公司为了弄清管理与运营中存在的问题，最近特地对员工进行了民意测评，并邀请他们对公司提出批评。

我认识一位曾经的香皂推销员，他甚至主动要求人家给他提批评意见。他开始为高露洁公司推销香皂时，订单很少。他担心自己会丢了这份工作。他知道香皂质量或价格都没有什么问题，所以估计问题一定出在自己身上。每当他推销失败时，他就会在街上走一走，想想问题在哪儿。是表达得不够清晰？还是缺乏热情？有时他会回到经销商那里，对他说："我回来不是向您推销香皂的，我回来是想得到您的意见与批评。请您告诉我，我几分钟前向您推销香皂时哪里做得不妥了？您的经验比我丰富得多，事业也比我成功得多，请给我一点儿指正，实话实说，不用给我留面子。"

他这个态度为他赢得了许多朋友，并得到很多珍贵的忠告。

你觉得他后来会怎么样？如今，他是世界最大的肥皂生产商高露洁公司的总裁。他的名字叫E. H.利特尔，他去年的收入在美国排名第15位，达到240,141美元。

只有心胸宽广的人，才能向豪厄尔、富兰克林和利特尔那样去做。现在，趁着四下无人，何不看着镜中的自己反思一下，你是这样的人吗？

「面对批评而泰然处之，要做到：

原则三：

记下自己做过的蠢事，并进行自我反省。既然我们不可能完美无缺，那就像利特尔那样去征求别人公正、有效、建设性的意见吧。」

小结

面对批评 泰然处之

规则一：无端攻击往往是变相的恭维，意味着你激起了别人的艳羡与嫉妒。要记住，没人愿意踢一条死狗。

规则二：尽你所能去做事，然后撑起伞，不让批评的雨滴流进你的脖子里去。

规则三：记下自己做过的蠢事，并进行自我反省。既然我们不可能完美无缺，那就像利特尔那样去征求别人公正、有效、建设性的意见吧。

编辑荐语:

记下自己做过的蠢事，并进行自我反省。

读书笔记:

第七章　防止疲劳 永葆活力

1 消除疲劳 每天多活一小时

在一本关于如何避免忧虑的书里，我为什么辟出一章来谈怎样防止疲劳呢？道理很简单，因为疲劳往往导致忧虑，或者，它至少能使你容易出现忧虑的情况。医学院的学生都会告诉你，疲劳会降低人体对普通感冒和数百种其他疾病的抵抗力；而心理医生也会告诉你，疲劳会削弱人对恐惧和忧虑情绪的抵抗力。所以，防止疲劳往往可以防止忧虑。

我是说“往往可以防止忧虑”的吧？其实这是比较保守的说法，埃德蒙·雅各布森医生则绝对得多。雅各布森医生就如何放松情绪写过《渐进式的放松》和《你必须放松》两本书。作为芝加哥大学临床生理学实验室主任，他多年来致力于把放松紧张情绪的方法应用于临床医疗。他认为：“在完全放松的状态，任何一种精神和情绪上的紧张状态都不可能再存在。”换句话说，只要你完全放松，就不可能再继续忧虑。

所以，防止疲劳和忧虑的首要原则就是：经常休息，在你感到疲倦之前就休息。

这一点为什么如此重要？因为疲劳积累的速度快得惊人。美国陆军经过反复试验发现，甚至是经过多年军事训练锤炼的青年人，如果他们扔下装备，每小时休息十分钟，则其行军速度也会明显加快，而且更持久。因此，美国陆军就强制他们这样做。其实，你的心脏和美国陆军一样聪明。心脏每天压出来输送到全身的血液足够装满一节火车的油罐车，而每24小时释放出的能量足以把20吨煤装上三英尺高的平台。心脏每天完成这样惊人的工作量，而且可能要持续50年、70年，或者90年。它怎么能承受得了呢？哈佛医学院的沃尔特·坎农博士对此做出了解释，他说道："大多数人都认为心脏是在不停地工作。事实上，它每次收缩之后，都会有一段休息时间。如果平均每分钟跳动70次，那么心脏一天的工作时间其实只有9小时，也就是说它一天的休息时间加起来为整整15小时。"

第二次世界大战期间，六七十岁的温斯顿·丘吉尔仍能每天工作长达16小时，年复一年地指挥着大英帝国的作战行动，创下了不可思议的记录。他的秘诀何在呢？他每天上午都要躺在床上工作到11点，阅读报告、口授命令、打电话、召开重要的会议。午餐后，他再次上床午睡一小时。傍晚时，他还要上床睡两个小时，直到8点起床吃晚餐。他并不是要消除疲劳，他用不着那样做，因为他已经防止了疲劳的发生。因为经常休息，他可以精神饱满地工作到深夜。

约翰·戴·洛克菲勒也创造了两项惊人的纪录：他积聚了当

时世界上最大的财富，并且活到98岁。他是怎样做到的呢？主要原因当然是遗传了家族长寿的传统。另一个原因，是他养成了习惯，每天中午都在办公室小憩半个小时。他会在办公室的躺椅上打个盹，这个时候哪怕是美国总统打来电话他也不接。

丹尼尔·乔斯林在他的杰作《为什么要疲劳》中写道："休息并不是什么都不做，休息是在自我修复。"短时间的休息有巨大的恢复能力，所以哪怕只是睡上短短的5分钟，也能防止疲劳。棒球元老康尼·麦克告诉我说，如果他比赛前不睡个午觉，到第五局时就会感到精疲力竭。但要是睡了午觉的话，哪怕只睡五分钟，他就能连续打两场比赛都不觉得累。"

我曾问埃莉诺·罗斯福，她在白宫生活的12年里，是如何应付各种令人疲倦的烦琐事务的。她说，每次接见一大群人或发表演说之前，她常常在椅子或者是沙发上坐下来，闭目休息20分钟。

前不久，我在麦迪逊花园广场的更衣室里访问了吉恩·奥特里，他是当时在那里举行的世界骑术锦标赛上闪亮的明星。我注意到，他在更衣室里放了一张行军床，吉恩·奥特里说："每天下午我都要在床上躺一下，在表演的间隙睡一个小时。我在好莱坞拍电影时，常躺在一张很大的软椅上，每天小睡两三次，每次10分钟，这样能让我精力充沛。"

爱迪生精力旺盛和耐力超强，他把它归功于他能随时想睡就睡的习惯。

亨利·福特80岁生日前夕我去采访他。让我大为惊奇的是，他看起来还是那样精神矍铄。我问他秘诀是什么？他说："能坐着的时候，我绝不站着；能躺下的时候，我绝不坐着。”

“现代教育之父”贺拉斯·曼在年事渐高以后也是如此。他担任安提亚克学院院长时，常常躺在一个长沙发上会见学生。

我曾建议一位好莱坞的电影导演尝试与此类似的方法，他后来告诉我，这种方法产生了奇效。我说的是杰克·切特克，他现在是米高梅电影公司的一位顶尖导演。几年前他来看望我时，还担任着米高梅公司短片部主任。

他疲惫不堪，精疲力竭，尝试了各种办法，比如喝奎宁水、吃维生素和其他药物，但都没起什么作用。我建议他每天都去度个假。怎么做呢？就是当他在办公室里和编剧们开会时，躺在长沙发上，尽量放松自己。

两年后我再见到他时，他说：“奇迹发生了！这是我的医生们说的。以前，我总是在椅子里正襟危坐，就我们的短片问题交换意见。现在，每次开会，我都躺在办公室的沙发上。我现在的感觉比20年前还好，每天能多工作两个小时，却很少感到疲倦。”

所有这些做法能适用于你吗？如果你是一名速记员，你就不可能像爱迪生或者山姆·戈德文那样在办公室里睡午觉；如果你是一名会计师，你也不可能躺在沙发里和上司讨论财务问题。不过，如果你住在一个小城市，每天中午回家吃午饭的话，倒是可以在饭后挤出10分钟睡午觉，这正是乔治·马歇尔将军的做法。他觉得在战争期间指挥美军部队非常繁忙，所以每天中午必须休息。如果你已经年过半百，又忙得连这点都做不到，那就趁早买好所有能买到的人寿保险吧。最近葬礼的花费可不低——而且来得很突然；你那位娇妻可能想拿着你的保险金去嫁一个比你年轻的男人呢！

如果你没有办法睡午觉，那么，起码要在晚饭之前躺个一小时，这比在吃饭前喝一杯鸡尾酒便宜，而且从长远看，效率是它的5.467倍。如果你能在下午五六点钟，或者七点钟左右睡一个小时，那么，你就可以在生活中每天增加一小时的清醒时间。为什么呢？这又是如何实现的呢？因为晚饭前睡的那一小时加上晚上睡觉的6小时——总共是7小时——比连续睡8个小时效果更好。

从事体力劳动的人，如果休息时间越多，能干的活也就越多。弗雷德里克·泰勒在伯利恒钢铁公司担任科学管理工程师的时候，就证明了这一点。他发现，一个工人每人每天往货车上装大约12吨半的生铁，一般到中午就已经筋疲力尽了。泰勒对所有产生疲劳的因素进行了研究，随后指出，这些工人不应该每天只送12吨半的生铁，而应该是47吨。他计算的结果，工人应该可以做到目前工作量的四倍，而且不会疲劳。但是得证明啊！

泰勒选了一个叫施密特的人，让他按秒表工作。一个人拿着秒表站在旁边指挥施密特："现在搬起一块生铁，走……现在坐下休息……现在走……现在休息。"

结果怎么样？施密特每天能搬47吨生铁，而其他人只能搬12吨半。弗雷德里克·泰勒在伯利恒钢铁公司的三年时间里，他能一直能按这种节奏工作。他能做到这点是因为他在疲劳之前就先休息了，他每小时大约工作26分钟，休息34分钟。他休息的时间要比工作时间长，但工作量却差不多是别人的4倍！这是道听途说的吗？不，你可以在弗雷德里克·泰勒编写的《科学管理原则》中看到这段记录。

让我再重复一遍，按照美国陆军的办法去做：经常休息。按照心脏工作的方法去做：在疲劳之前休息。这样你就能每天多一小时的清醒时间。

编辑荐语:

不论是按照美国陆军的方法还是心脏工作的方法，请记住一点：在疲劳之前休息。

读书笔记:

2 疲劳的原因及应对方法

单纯脑力劳动是不会使人感到疲倦的，这是一个让人感到吃惊的重要事实。听起来似乎有点儿荒谬，但是科学家们几年前进行了研究，试图搞清楚人脑工作多久才会达到疲劳状态——科学上的定义叫作“工作能力衰退”。让这些科学家们吃惊的是，当大脑处于工作状态时，流经它的血液中完全没有疲劳的迹象！如果从正在进行体力劳动的人身上抽出血液，你会发现，血液里充满了“疲劳毒素”和其他疲劳产物。如果我们从阿尔伯特·爱因斯坦的大脑里抽出一滴血来，即使他已经工作了一整天，血液里也没有任何疲劳毒素。

就大脑而言，在工作8个小时，甚至12个小时后，它仍能“像刚开始那样有效运转，反应迅捷”。大脑根本就不会疲倦，那是什么让你感到疲倦的呢？

心理学家认为，我们的疲劳大多源自心态和情绪。英国最著名的精神病学家J.A.哈德菲尔德在其著作《权力心理学》中说：

“我们感到的疲劳，大多是由心理因素造成的；实际上，纯粹因生理产生的疲劳是很少的。”

美国著名的精神病学家亚·阿·布里尔博士更进一步，他说：“一个健康状况良好的脑力劳动者，他的疲劳感百分之百源自于心理因素，也就是情感因素。”

哪些因素会让那些久坐办公的人感到疲劳呢？是快乐？是满足？不，绝对不是。无聊、怨恨、郁郁不得志、徒劳的感觉、焦急和忧虑，这些情感因素才让久坐办公的人疲惫，使他们易患感冒，效率降低，让他习惯性地神经性头疼。没错，我们之所以感到疲劳，是因为我们的情绪导致了身体的紧张。

大都会人寿保险公司在关于疲劳的小册子里指出了这一点。这家大型人寿保险公司说：“辛勤工作本身引起的疲劳往往通过睡个好觉或充分休息就能消除……忧虑、紧张和情绪烦躁是导致疲劳的三大原因。我们通常以为由体力劳动和脑力劳动引起的疲劳，事实上应该归罪于上述因素……记住，肌肉紧张其实就是在工作，所以要放松自己，把精力用在重要的任务上。”

现在就请停下来，自我检查一下。当你阅读这些文字时，是否皱着眉头？两眼之间感觉到压力了吗？你是十分放松地坐在椅子里吗？还是耸起了肩膀？面部肌肉是否感到僵硬？除非你让自己像个破旧的布娃娃一样放松、柔软，否则，此刻的你就在让精神和肌肉紧张。你是在制造精神和肌肉疲劳！

我们为什么会在脑力劳动的时候制造这些不必要的紧张呢？乔斯林说道：“这是因为几乎所有的人都相信，困难的工作需要全心的付出，否则就不能出色地完成任务。”因此，我们在集中精力时就皱起了眉头，耸起了肩膀，就让所有的肌肉进入一种“努力”的状态，实际上这对我们大脑的工作没有丝毫帮助。

一个令人震惊而可悲的事实是：无数的人从来没想过要浪费金钱，可他们却在毫无节制地挥霍自己的精力。

这种精神上的疲劳该如何应对呢？放松！放松！再放松！要学会在工作的同时放松。

容易吗？不。你可能得把已经陪伴你一生的习惯改过来。不过，这种努力是值得的，因为它会让你的人生发生革命性的变化。威廉·詹姆斯在他题为《放松之道》的论文里说：“美国人过度紧张、坐立不安、呼吸急促、表情痛苦、情绪烦躁，这些都是不折不扣的坏习惯。”紧张是一种习惯，放松也是一种习惯。坏习惯可以改正，好习惯也可以养成。

怎样才能放松呢？先从思想开始，还是先从神经开始？都不是！你得从放松肌肉开始！

我们来试试看。为了演示一下整个过程，我们首先从眼睛开始做起吧。读完一这段，看到结尾的时候，把身体向后靠，闭上眼睛，然后默默地对自己的眼睛说：“放松，再放松。不要紧张，不要皱眉。放松，再放松。”就这样缓慢地重复一分钟。

你有没有注意到，几秒钟过后，眼部肌肉开始听从你的指令了？是不是觉得好像有只无形的手，把紧张情绪带走了？似乎有点不可思议，可你在这一分钟里已经尝试了放松情绪的全部关键和诀窍。同样你可以用此办法，去放松你的下巴、面部肌肉、脖子、肩膀以及全身。不过，最重要的器官还是眼睛。芝加哥大学的埃德蒙·雅各布森博士说得更绝对，他说，如果你能彻底放松眼部肌肉，你就可以忘记一切烦恼。眼睛在减轻精神压力方面之所以如此重要，是因为它消耗了我们全身1/4的精神能量。很多视力一流的人却感到“眼睛疲劳”，原因也在于此，因为他们自己造成了眼睛的紧张。

著名小说家维吉·鲍姆曾说，她小时候遇见过一位老人，教给了她一生中最重要的一课。她当时摔了一跤，擦破了膝盖，还伤了手腕，这个曾在马戏团做小丑的老人把她扶了起来，一边帮她掸去灰尘一边对她说：“你之所以伤到了自己，是因为你不知道怎么让自己放松下来。你得想象自己像一双旧袜子一样软绵绵的。过来，我来教你怎么做。”

那个老人教了维吉·鲍姆和其他孩子怎么下落，怎么打把式，怎么翻跟头，还一直对他们说：“想象自己柔软得像双旧袜子，你才能完全放松！”

你随时随地都可以放松下来，只是不要刻意去那么做。所谓放松，就是没有任何紧张感，不费任何力气，只想着舒适和放松就好。开始的时候，你试着放松眼部和脸部的肌肉，不停地对自己说着：“放松……放松……放松，再放松！”要感受到力量从脸部肌肉回到身体的中心，想象自己像婴儿一样一点儿不紧张地松弛下来。

这就是著名女高音歌唱家嘉丽·库契所用的办法。海伦·杰普森告诉我说，她常常看到嘉丽·库契在表演之前会坐在一张椅子上，让全身的肌肉放松，下巴完全松弛耷拉下来。这种做法非常好，可以使她在登台的时候不会过于紧张，还防止了疲劳的产生。

下面这四点建议可以帮你学会放松自己：

一、读一读这方面的一本好书：《消除神经紧张》，作者是大卫·哈罗德·芬克。

二、随时放松自己。让自己的身体柔软得像只旧袜子。我在工作的时候，常常在桌子上放上一只栗色的旧袜子——放那儿是提醒自己应该放松到什么程度。如果你找不到一只旧袜子，一只猫也行。你有没有抱起过一只在太阳底下睡觉的小猫？如果抱过，你会发现，它的身子两端就像打湿了的报纸一样软绵绵的。连印度练瑜伽的人都说，要想掌握放松的技巧，就要向猫学习。我从来没有见过猫会疲惫不堪、精神崩溃，或是失眠、忧虑、得了胃溃疡。如果你学会了像猫一样放松，或许就可以免遭这些痛苦了。

三、尽量以舒服的姿势工作。要记住，身体上的紧张会导致肩膀的疼痛和精神上的疲劳。

四、每天自我检查四至五次，告诫自己："我有没有人为加重自己的工作？是不是动用了与目前工作无关的肌肉？"这样有助于你养成放松的习惯。正如大卫·哈罗德·芬克博士说的："了解心理学的人都知道，有三分之二的疲劳是不良习惯造成的。"

五、每天临睡前再反省一次，问问自己："我到底有多累？

如果我感觉疲倦，这不是我完成的脑力工作造成的，而是因为我做事的方法不对。”丹尼尔·乔斯林说：“我对工作的评价，不是看我在一天工作结束后有多疲倦，而是看我有多不疲倦。”他说：“如果我哪天晚上感到特别疲惫，或者反应迟钝证明了我精神上的疲倦，我一下子就知道，这一天的工作在质和量上效率都不高。”如果每个生意人都能学会这一点，因为“神经紧张”类疾病的致死率马上就会下降。而且，我们就不会让疗养院和精神病院挤满因为疲劳和忧虑而精神崩溃的人了。

编辑荐语:

请重新阅读上面这一章节的四点建议，帮你学会放松自己。

读书笔记:

3 消除疲劳，永葆青春

去年秋天的一天，我的助理飞到波士顿参加一期全世界最特殊的医学培训班。医学的？是的，这个培训班在波士顿诊疗所[1]每周召开一次，参加的患者在进场之前都要经过定期、彻底的医学检查。不过，实际上这是一个心理诊所。尽管它正式的名称叫应用心理学班（以前叫思想控制班——这个名字是参加培训班的第一个学员提出来的），其真正目的是治疗那些因忧虑而患病的人。这些病人中的大多数是受到情感困扰的家庭主妇。

这个为忧虑者开设的培训班是怎样上马的呢？1930年，约瑟夫·普拉特博士——顺便提一下，他曾是威廉·奥斯勒爵士的学生——发现，来波士顿诊疗所就诊的许多患者似乎并没有什么生理上的问题，但确实都存在痛苦不堪的症状。有位妇女的双手由

① 波士顿诊疗所创建于1796年，致力于为穷人提供免费医疗帮助，20世纪60年代与塔芙兹新英格兰医学中心合并。

于“关节炎”而完全丧失了功能，另一位则因为“胃癌”症状而异常痛苦。除此之外，其他人有的腰疼，有的头疼，有的常年疲惫，或者有各种不明原因的疼痛。他们确确实实感受到了这些痛苦，但最彻底的医学检查显示，这些妇女在生理上没有任何问题。许多传统的医生肯定会说，这一切都是幻觉——“都是思想的问题”。

但普拉特博士却明白，让这些病人“回家去，把这件事忘掉”根本没用。他知道这些人妇女大多数并不想生病，如果这么容易就能忘掉病痛，她们自己早就这样做了。那么，该怎么办呢？

在医学界的一片质疑声中，普拉特博士开办了这个培训班。结果，这个班产生了奇效！自创办18年来，有成千上万的患者在参加完课程后“痊愈”了。他们当中相当一部分每年都会参加，就像上教堂那样虔诚地出席。我的助理曾和一位上了9年几乎从未缺席的妇女聊过。她说，她第一次来时深信自己患有游动肾和心脏疾病，为此她忧虑不安、精神紧张，有时甚至会突然失明。可现在的她自信开朗，身体健康。虽然腿上抱着熟睡的孙子，可她看上去只有40来岁。她说：“以前，我总为家人担忧，甚至都想一死了之。但在这个诊疗班上，我了解到忧虑是无济于事的，我学会了不再忧虑。现在我可以坦白地说，我的生活是安详幸福的。”

这个培训班的医学顾问罗斯·希尔弗丁医生说，她觉得减轻忧虑最好的方法就是“把你的烦恼向信得过的人倾诉”。她说：

“我们把它叫作发泄疗法。病人到这里来的时候，可以畅谈自己的苦恼，直到将它们完全排解掉。一个人独自承受忧虑，不跟别人诉说，会造成巨大的神经紧张。我们每个人都需要别人分担我们的烦恼与忧虑，我们必须能感受到，这个世界上还有人愿意倾听我们的痛苦，也能理解我们。”

我的助手曾亲眼看到一位妇女因倾诉自己的烦恼而得到了极大的解脱。她为家庭事务所扰，刚开口的时候就像一根被压紧的弹簧。然后慢慢地，她说着说着就平静了下来。等到谈话结束的时候，她都能露出微笑了。她的问题就此得到解决了吗？没有，没那么容易。促成这种变化的是与人交谈，得到了一些忠告，感受到了一丝同情，而真正起作用的是具有强大疗效的语言。

从某种程度上看，精神分析疗法正是基于语言的这种治疗作用。自弗洛伊德时代开始，心理分析家就知道，病人只要倾诉，就能够排解内心的忧虑。为什么会这样呢？可能是因为我们谈话的同时，就可以更深入地审视自己的问题，能从新的角度看待它。没人知道确切的答案，不过我们都知道“吐露心声”或者“一吐为快”能立刻使人轻松起来。

所以，下次我们再碰到什么情感上的问题，就可以在周围找个人谈谈。当然，我并不是说，随便逮着个人就絮絮叨叨地向他倾倒苦水，大发牢骚。我们要找个信得过的人倾诉，还要约好时间。这个人可以是你的亲戚、医生、律师、牧师或是神父。你可以对他说：“我需要你的忠告。我有个问题，想让你听我讲完。你或许能给我一点儿建议，也可能从我看不到的角度看这个问题。即便你做不到这些，但只要能坐在这儿听我讲讲，也能帮我很大的忙。”

不过，如果你确实找不到可以倾诉的对象，那就让我跟你说说“救命联盟”的情况吧——它跟波士顿治疗所没有任何关系。“救命联盟”是全世界最不寻常的组织之一，它成立之初是为了防止可能发生的自杀行为，但随着时间的推移，其活动范围扩大到为那些不幸的人或有情感需求的人提供思想上的帮助。罗娜·邦内尔小姐是“救命联盟”的一名工作人员，向该联盟寻求帮助者会得到与她面谈的机会。我曾经跟她聊过一段时间，她告诉我，要是本书读者给她写信，她会乐于做出答复。如果你写信给“救命联盟”（纽约市第5大道505号），他们会在最保密的情况下处理你的信件和问题。不过老实说，我还是建议你尽可能直接找个人，当面和他聊聊，因为那样能让你得到更大的解脱。如果这一点做不到，那又何妨给这个联盟写写信呢？

“把心事说出来”是波士顿治疗所培训班使用的最主要的治疗手段之一。不过下面还有另外一些我从那个培训班学到的方法，如果你是一个家庭主妇，在家里就可以做到：

准备一个笔记本或剪贴簿，将那些你自己感兴趣或能从中获得精神力量的诗句、名言、祈祷文贴在里面。如果某个下雨的午后让你情绪低落，你就可以在这个本子中找到驱散阴霾的办法。波士顿治疗所的很多患者把这种剪贴簿保存了很多年，他们说它就是精神上的“强心针”。

不要抓住别人的缺点不放！不错，你的丈夫有各种毛病！可如果他真是个圣人，也就不可能娶你了，是不是？培训班曾经有一个妇女，对自己的丈夫成天斥来喝去，不给好脸色，直到有人问她：“如果你的丈夫去世了，你会怎么办？”她才一下子怔住了。她受了巨大的触动，连忙坐下来，把丈夫所有的优点一一列举出来，她列了一大串。所以，如果下次你觉得自己嫁了个吝啬的粗人，何不也试试这种方法呢？也许，在看了他的优点之后，你会发现他正是你心仪的那个人。

关注你的邻居！对于那些和你生活在同一条街上的人，要给予友好、善意的关注。有一位痛苦的女士，她觉得自己总是“格格不入”，所以没有一个朋友。有人让她试着编一个故事，主角就是她即将碰到的那个人。于是，她在坐公交车时，开始想象眼前那个人的背景和生活状态，想象他的日子过得怎样。你都想不到，后来她随时随地都会和人聊天。现在的她成了一个快乐、活泼、迷人的女人，也治好了“病痛”。

每晚睡前把第二天要做的事情安排好。培训班上有很多主妇觉得时间紧迫，无休无止的家务和杂活让她们疲惫不堪。她们总也完成不了自己的工作，时间永远不够用。为了消除这种急迫和忧虑的感觉，他们建议每晚做好第二天的工作安排。结果怎么样？她们完成的工作量更大了，疲劳的感觉却少了，心中有了一种自豪感和成就感，而且还有时间休息和打扮。（每个女人在日常生活中都应该拿出部分时间，把自己打扮得漂漂亮亮的。我觉得，女人一旦知道自己很漂亮，她就不会紧张了。）

最后一点，避免紧张和疲劳。要放松、再放松！没有什么能比紧张和疲劳更催人衰老、让人憔悴的了！我的助理在波士顿思想控制班上坐了一个小时，期间该班负责人保罗·约翰逊教授谈了避免忧虑的原则，很多我们已经在前面的章节讨论过了。在课程最后十分钟的放松练习结束之际，我那和其他人一道参加练习的助理已经几乎坐在椅子上睡着了！为什么如此强调身体放松的重要性？因为该诊所——和其他医生一样——知道，要想消除内心忧虑的心结，就必须放松下来！

是的，身为家庭主妇的你必须放松下来！你比其他人有一个先天的优势——只要愿意，随时都可以躺下，甚至可以躺在地板上！奇怪的是，优质硬地板比席梦思更宜于放松，它能给你更好的支撑，对脊椎比较有益。

好了，下面是几个你可以在家里做的练习。试着练习一个星期，看看对你的容貌和脾气有什么帮助：

只要你觉得累了，随时平躺在地板上，尽量伸展四肢，还可以打打滚，每天做两次。

闭上眼睛，像约翰逊教授建议的那样对自己说："头顶阳光明媚，天空湛蓝透亮，大自然一片宁静，掌控着这个世界——而我是大自然的孩子，正与宇宙融为一体。"或者，你也可以做做祷告，那样更好。

如果炉子里还在烤着东西，你抽不出时间躺下来，那么就坐在椅子上，也能达到几乎相同的效果。硬质直背椅用来放松是最佳选择。腰板挺直，像埃及坐像那样坐在椅子上，双手放松，掌心向下放在大腿上。

现在，慢慢地收紧脚趾，然后放松。再收紧腿部肌肉，然后放松。就这样逐步向上，直达颈部。然后设想你的头就是一个足球，使劲让它向四周转动，不停地对自己的肌肉说："放松……放松……"

用缓慢沉稳的呼吸来平定神经，要用丹田吸气。印度的瑜伽大师们是对的：有规律的呼吸是安抚神经的最好方法。

想着你脸上的皱纹，想象将它们抹平。舒展眉心和嘴角那些忧虑造成的皱纹。这样每天做两次，也许你就用不着去美容院做按摩了，那些皱纹会由内而外地消失！

编辑荐语:

只要你觉得累了，随时平躺在地板上，尽量伸展四肢，还可以打打滚，每天做两次。

闭上眼睛，像约翰逊教授建议的那样对自己说 :“头顶阳光明媚，天空湛蓝透亮，大自然一片宁静，掌控着这个世界——而我是大自然的孩子，正与宇宙融为一体。”或者，你也可以做做祷告，那样更好。

读书笔记:

4　养成良好的工作习惯

良好工作习惯之一：除了与手头急需处理的问题相关的文件，桌上不放其他任何纸张。

芝加哥-西北铁路公司总裁罗兰·威廉姆斯说："一个桌上堆满各种文件的人，如果把他的桌子清理一下，只留下手头急需处理的部分，他就会发现工作做起来更容易，也更有针对性，我称之为'管好家政'，这是提高效率的第一步。"

如果你到华盛顿特区的国会图书馆去，就会看到天花板上漆着著名诗人蒲柏的一句名言；

"秩序，是天国的第一法则。"

秩序也应该是商务工作中的第一法则。但现实真是如此吗？不是。一般商务人士的办公桌上往往堆放着几周都没有看过的文件。更有甚者，《新奥尔良报》的发行商有次对我说，他的秘书在整理他那些桌子的时候，竟发现了一部两年前丢失的打字机！

如果桌子上堆满了没有回的信件、没有完成的报告和备忘录等等，单单看上一眼就足以让人产生混乱、紧张和焦虑的情绪。更糟糕的是，它们会不断提醒你，“还有无数事情要做，可没时间去完成”，这种忧虑感不仅让你紧张疲惫，还会让你患上高血压、心脏病和胃溃疡。

宾夕法尼亚州立大学医学研究院的约翰·斯托克斯教授，在美国医学会全国大会上宣读过一篇论文，题目叫《作为器质性疾病并发症的神经官能症》。在这篇论文中，斯托克斯博士在“病人心理状况研究”这个小节下面列出了11种情形，其中第一项就是：“总是有一种迫不得已或应尽义务的感觉，总是感到眼前有做不完的事情，而且必须去做。”

但像清理桌子、做出决定这种基本的程序又如何能帮你避免这种高压，消除“迫不得已”的感觉，不再“感到眼前有做不完的事情，而且必须去做”呢？著名心理医生威廉·萨德勒说，他的一个病人就用这种简单的方法避免了精神崩溃。

这位患者是芝加哥一家大公司的主管，来到萨德勒的办公室时候，他紧张不安、忧心忡忡，面临精神崩溃的危险，可又不能辞职，只好求助医生。

萨德勒医生说：“这个人在给我讲述病情的时候，我的电话响了，是医院打来的，我未加拖延当场就作了答复。我总是尽可能在当场解决问题。我挂机，电话铃又响了起来，又是一桩紧急的事情，我花时间和对方讨论了一下。接着，我的同事来到我的办公室，征求我对于一名重症患者的意见，从而第三次打断了我们的谈话。和同事讨论完，我就向我的病人，准备为让他久等表示歉意。但是他已经开朗多了，和刚才判若两人。”

这个人对萨德勒说：“不用道歉，医生！在刚才这十分钟里，我觉察到了自己的问题所在。我要回去重新调整我的工作习惯……但在回去之前，我能否看看您办公桌里面的情况呢？”

萨德勒医生拉开了桌子的几个抽屉，除了一些文具外，里面都是空的。患者问他：“您没完成的事务都放在哪儿了？”

“已经完成了！”萨德勒回答。

“那您没有回复的邮件又放哪儿了呢？”

“已经回复了！”萨德勒告诉他，“我的原则是有信件当场就回复，我会立刻把回信内容口授给我的秘书。”

六个星期之后，这名主管邀请萨德勒医生去了他的办公室。他已经不一样了，办公室发生了变化。他拉开办公桌的抽屉，里面不再有未办的事项。这位主管说：“六周以前，我有两处办公室，三张办公桌，堆满了工作文件，永远也处理不完。和您聊过之后，我回来清理了一车的旧报告和文件。现在我只用一张办公桌，事情一来，我立刻处理，再不会让堆积如山的未处理文件困扰我，让我变得紧张焦虑了。而最惊喜的事情是我彻底康复了，身体不再有任何问题。”

曾担任美国最高法院大法官的查尔斯·埃文斯·休斯说过：“人不会死于工作过度，却会死于浪费和忧虑。”是的，死于精力的浪费——以及因为那些看似永远都做不完的工作而产生的焦虑。

良好工作习惯之二：做事要分清轻重缓急。

创办了城市服务公司的亨利·多尔蒂说，不论他出多高薪水，都几乎不可能招到具有两种能力的人。

这两种宝贵的能力是：一、思考能力；二、做事能分清轻重缓急。

查尔斯·卢克曼年轻时白手起家，花12年时间当上了白速得公司的董事长，年薪10万美元，另外还有百万美元的分红。这个年轻人把他的成功主要归因于培养亨利·多尔蒂所说的那两种几乎不可能找到的能力。查尔斯·卢克曼说："从我记事起，我就每天早上五点起床，因为那个时候我的头脑要比其他时间更清醒——这时的我思维更清晰，我就用这段时间安排好一天的工作，并分清轻重缓急。"

美国最成功的保险推销员法兰克·贝特格不会等到早晨五点才计划当天的工作，他在前一天晚上就已经计划好了。他为自己订下一个目标：当天要卖掉一定数额的保险。如果没有完成，他就将差额加到第二天，以此类推。

长期的经验告诉我，人们并不总能分清事情的轻重缓急，但我们也知道，制定计划并有序实施，绝对要比走一步看一步好得多。

如果萧伯纳没有坚持依据轻重缓急做事情的原则，那么他有可能就成不了作家，或许一辈子都是个银行出纳。他的计划是每天必须完成至少五页纸的写作量，这个计划和他坚持到底的决心拯救了他，鼓舞着他在令人心碎的9年里坚持每天写五页，尽管在这9年间，他总共只有30美元的收入——大约每天一毛钱。

良好工作习惯之三：遇到问题，当机立断，不要犹豫。

我以前的一个学员、已故的豪厄尔告诉我，当他在美国钢铁公司担任董事的时候，董事会的会议往往耗费很长时间，讨论的问题很多，达成的决议却很少。结果，每名董事都要把一大堆报告带回家再研究。大部分在争吵中被搁置。最后，每一位董事都要带着一大包资料回家继续研究。

最后，豪厄尔先生说服了董事会，每次开会只讨论一个问题，并且形成决议，不耽搁、不拖延。这个决议可能是需要更多资料加以研究，也可能是采取一些行动，或静观其变，但是每个问题都达成了一致意见，然后才能继续讨论下一个问题。豪厄尔先生告诉我，这样做的结果引人瞩目，收效明显：日程安排清空了。日历上干干净净，董事们也不必带着大堆文件回家了，更不会为没有解决的问题担心。

这是个很好的原则，不仅适用于美国钢铁公司的董事们，也适合于你我。

良好工作习惯之四：学会组织、放权和监督。

很多商务人士都在把自己往坟墓里赶，因为他们从来不懂得把职权下放给其他人，而是坚持事必躬亲。结果，细枝末节的琐事令他们混乱不堪，身陷匆促、忧虑、焦急和紧张的情绪之中。要学会下放职权很难，这点我知道。对我来说，难于上青天。凭经验我也知道，一旦将权力下放给错误的人选，将会引发可怕的灾难。虽然放权困难重重，但为了避免焦虑、紧张和压力，主管必须要这么做。

创立了大型企业的人如果不学怎样组织、放权和监督，通常会在五六十岁因心脏问题而猝然离世。这些心脏问题是紧张和焦虑造成的。需要实例吗？那就看看当地报纸上每天刊发的讣告吧。

编辑荐语:

虽然放权困难重重，但为了避免焦虑、紧张和压力，主管必须要这么做。因为生命更可贵。

读书笔记:

5　消除厌烦情绪

产生疲劳的一个主要原因是厌烦情绪。我们用爱丽丝的例子来说明一下，她是你所在街道的一名速记员。一天晚上，爱丽丝精疲力竭地回到家中，她疲惫不堪，腰酸背痛，一点儿力气也没有，饭都不想吃，只想倒头睡觉。她妈妈苦口婆心地劝她吃几口……她终于在餐桌旁坐了下来。这时，电话响了，是她男朋友打来的!邀她去跳舞！她的眼睛一亮，顿时精神抖擞起来。她冲上楼，换上蓝色衣服就出去了，一直跳到凌晨三点。回到家里的时候，她一点儿也不累了。相反，她兴奋得都睡不着觉了。

八个小时以前，爱丽丝的外表和动作都显得很疲惫，那她当时是真的疲倦了吗？当然是。她感觉精疲力竭，因为她厌烦自己的工作，甚至对生活都感到厌倦。生活中有千千万万的爱丽丝，也许你就是其中的一个。

情绪上的厌倦比体力的消耗更容易使人产生疲劳，这是尽人皆知的事实。几年前，为探究厌烦情绪导致疲劳的原理，约瑟夫·巴麦克博士进行了一系列实验，并在《临床心理学刊》上发表了一份报告。巴麦克博士安排一组大学生参加了一连串的测试，他知道，这些学生对此类测试丝毫不感兴趣。结果如何呢？学生们又累又困，说自己头疼眼涨，心烦意乱，甚至有几个人出现了胃部不适。这些都是"凭空想象"吗？不是。学生们接受了新陈代谢测试，结果表明，当人们感到烦闷的时候，身体内的血压就会降低，氧的消耗量也会下降。一旦人们觉得工作有趣，产生了愉悦感，其整个新陈代谢过程就会大大加快。

我们在做一些有趣、刺激的工作时，很少觉得累。比如，我最近在加拿大落基山上的路易斯湖畔度假，沿着科拉尔河钓了几天的鳟鱼。我披荆斩棘穿过一人多高的灌木丛，踉踉跄跄地走过独木桥，艰难地越过倒在地上的树木——就这样度过8个小时之后，我丝毫不觉得疲惫。为什么呢？因为我很兴奋，兴致高昂，钓到的6条山鳟也让我颇有成就感。但如果我很厌烦钓鱼，你认为我会是什么感觉呢？我一定会因为在海拔7000英尺的高山上来回奔波而倍感折磨。

即便是在爬山这类消耗体力的活动中，厌烦情绪也比体力上的劳累更容易导致疲劳。比如，明尼阿波利斯农技储蓄银行的总裁金曼先生曾给我讲过一段经历，正好可以证明这一点：1943年7月，加拿大政府要求加拿大登山俱乐部委派人手协助威尔士军团做登山训练，金曼先生人选了训练这些战士的教练组。他告诉我说，他们这些教练年龄在42到59岁之间，带着年轻的士兵长途跋涉，穿越冰河、雪地，靠着绳索、细小的脚蹬和并不稳定的抓手爬上40英尺的陡崖。他们在加拿大的落基山脉的小悠河峡谷攀登了迈克尔峰、副总统峰和其他一些不知名的山峰。那些年轻人刚刚完成6周严格的突击训练，原本身体状态正佳，经过15个小时的登山训练之后，他们个个都精疲力竭了。

他们感到疲惫是因为参加突击训练时肌肉练得不够结实吗？任何接受过突击训练的人都会对这个荒谬的问题嗤之以鼻！不是的。他们之所以觉得疲劳，是因为他们厌烦登山。他们中有很多人累得等不到吃晚饭就睡着了，而那些比战士年龄要大一、两倍的教练呢？他们觉得累吗？累，但不至于筋疲力尽。这些教练吃过晚饭后，还会坐在那儿聊聊白天的训练情况，一谈就是几个小时。他们没有精疲力竭，因为他们乐在其中。

哥伦比亚大学的爱德华·桑戴克博士在进行疲劳实验时，成功地让几个年轻人一周都没有睡觉，其方法就是让他们一直处于对事物感兴趣的状态。据说，在经过充分的调研之后，桑戴克博士说出了这样的话："厌烦情绪是工作能量降低的唯一根源。"

如果你是个脑力劳动者，那么让你疲倦的很少是已经完成的工作量，却在于你没有完成的工作量。例如，还记得上周的某天吗？你的工作总是被不停地打扰，信件没回复，跟人约好的事情也没做，到处都是麻烦事，一切都不顺利。你几乎什么也没干成，回家时却筋疲力尽，头疼欲裂。

第二天，你的工作万事皆顺，完成的工作量是前一天的四十倍，可是回家时却依然神清气爽。这种经历相信你一定有过，我也是。

我们应该从中学到点什么呢？那就是：我们的疲劳往往并不是工作造成的，忧虑、挫败感和怨愤情绪才是根源。

在写这一章的时候，我去看了一场重演的音乐喜剧，是杰罗姆·克恩的《画舫璇宫》。剧中主人公——“棉花号”船长安迪有一句富含哲理的台词：“一个人如果能做自己喜欢的工作，那他就是最幸运的。”这种人之所以幸运，是因为他们更有活力，更愉快，而烦恼和疲劳却比别人少。凡事有了兴趣，也就有了能量。和絮絮叨叨的太太走过10个街区，要比和心爱的情人走上10里路还要累人。

那又怎么样呢？你又能怎么做？下面是一个打字员的做法。她在俄克拉荷马州塔尔萨市的一个石油公司工作，每个月都得花几天时间做一件再枯燥不过的工作：填写已经印好的石油销售报表，往里面录入数据。这项工作实在枯燥，迫不得已之下，她决定把它变得有趣一些。怎么做呢？她每天跟自己竞赛。每天中午，她统计出早上填好的报表数量，然后争取在下午突破这个记录。然后再统计出每天完成的总数，争取在第二天完成得更多。结果如何？她很快就能比同部门的其他录入员完成更多这种枯燥的报表了。这样做给她带来了什么？表扬？没有……感谢？没有……升职？没有……加薪？没有……但这样做确实避免了因为单调而引起的疲劳，给她带来了精神上的刺激。因为她尽力把一件乏味的事情变得有趣，她就有了更多精力和热情，进而从闲暇时光中得到更多的快乐。我碰巧知道这个故事是千真万确的，因为我就娶了那个女孩。

假装对自己的工作感兴趣，那么这一点点假装的行为往往让你真的产生兴趣，也会减轻你的疲劳、紧张和焦虑情绪。

几年以前，哈兰·霍华德做了一个彻底改变他一生的决定，他决心让无聊的工作有趣起来——他的工作确实无聊：当其他男孩在打球，或是和女孩子嬉闹的时候，他却在高中的餐厅里洗盘子、擦柜台、给别人盛冰激凌。哈兰·霍华德讨厌这种工作，但又不得不坚持下去，于是他决心借此来研究冰激凌——它是怎样做成的，用了哪些原料，为什么有的冰激凌比别的更好。他探究冰激凌的化学成分，还成了他们高中的化学小天才。此刻的他对食品化学产生了浓厚的兴趣，于是考进了马萨诸塞州立大学主修食品工艺专业。纽约可可交易所提供了100美元的奖金，征选可可和巧克力应用方面的最佳论文——这是一个对全校所有学生开放的奖项。你猜获奖的是谁？一点儿不错，正是哈兰·霍华德。

后来他发现工作很难找，就在自己家的地下室里开办了一家私人实验室（他住在马萨诸塞州阿姆赫斯特市普莱森特北街750号）。此后不久，政府通过了一项新法案：牛奶制品中所含菌群数量必须予以统计。很快，霍华德就开始为阿姆赫斯特市的14家牛奶公司测定菌群数量了，而且还得雇两个助手。

25年后他会是什么样呢？到那时，如今经营着食品化学企业的人大都已经退休或离世，他们的位置将被现在那些活力四射的年轻人替代。25年后，哈兰·霍华德极有可能成为业内的佼佼者，而当年从他手里买过冰激凌的那些同学，有的可能潦倒不堪，失去工作，咒骂政府没给他们好的机遇。其实，霍华德如果不是当年决心把单调的工作变得有趣，恐怕也不可能有什么机遇可言。

多年以前，另外一个年轻人也对自己的工作感到厌烦。他叫山姆，每天的工作就是站在机床边加工螺栓。他想辞职，可又担心找不到新工作。既然这份枯燥的工作非做不可，山姆就决定把它变得好玩一点儿。于是他和旁边操作机器的一个技工展开了一场竞赛。他们两人一个负责在他的机器上把螺栓粗糙的表面磨平，另一个则把螺栓打磨到合适的粗细。他们时不时地会交换过来，操作对方的机器，看看谁加工的螺栓最多。领班对他的生产速度和加工精度印象深刻，不久就给了他一份更好的工作，自此拉开了他一连串升迁的序幕。30年后，山姆——即塞缪尔·沃克莱恩——成了鲍德温机车制造公司董事长。可如果他当年没有决心把单调的工作变得有趣，那么他可能终生也只是一名车床工人。

著名的广播新闻评论员卡尔滕博恩曾给我讲过他将一件毫无乐趣的工作变得有趣的经验。22岁那年，卡尔滕博恩在一艘横渡大西洋的运牛船上工作，专职为船上的肉牛喂水和饲料。在骑着自行车游览了英国之后，他又饿又累地来到了巴黎。他把自己的照相机典当了5美元，在《纽约先驱报》的巴黎版上刊登了一份求职广告，找到了一份推销立体观测镜的工作。如果你年届四十，或许还记得那种老式的立体观测镜，我们过去常常把它凑到眼前，观看两张一模一样的照片，这时奇妙的事情就会发生了：观测镜中的两个镜片把两张照片叠合成一张照片，具有了立体效果，可以看出前后的距离，让人得到惊人的立体感受。

言归正传，汉斯·卡尔滕博恩在巴黎挨家挨户地推销这种立体观测镜，而他是不会说法语的。但是，他第一年就挣了5000美元的佣金，并成了当年法国收入最高的推销员。卡尔滕博恩告诉我，他的这段经历对提升成功能力的帮助抵得上他在哈佛大学念一年书的收获。自信心方面又怎么样呢？他跟我说，自从那次经历之后，他甚至觉得可以把《美国国会记录》卖给法国的家庭主妇。

这次经历让他对法国人的生活有了深刻的了解，这一点对他后来在广播节目中解读欧洲事件显得弥足珍贵。

在不懂法语的情况下，他是怎样成为一个专家级推销员的呢？是这样的，他请他老板用纯正的法语把推销时要说的话写下来，他将它背得滚瓜烂熟。拜访时门铃一响，家庭主妇出来开门，他就开始用滑稽的古怪口音把那段背好的推销词重复一遍。然后，他会让这个主妇看照片。如果她有什么疑问，他总是耸耸肩说：“美国人……美国人。”接着，他摘下帽子，指着贴在帽顶的那份用纯正法语写的推销词。主妇会忍俊不禁，他也跟着大笑，然后再给她看更多的照片。卡尔滕博恩给我讲这些事情的时候，他很坦白地承认，这种工作绝不是那么容易做的。他告诉我，让他坚持下来的唯一因素，就是他决心把工作变得有趣。每天早上出发前，他都要对着镜子，给自己打气道：“卡尔滕博恩，如果你要吃饭，就得做这份工作，既然非做不可，那你何不开心点儿做呢？每次按门铃，就想象你是一个舞台灯光下的演员，有观众正在看着你表演。反正你现在做的事就像演戏一样搞笑，那何不投入更多的精力和热情呢?

卡尔滕博恩告诉我，每天给自己打气的这些话，把一个他以前既恨又怕的工作变成了他喜欢的探险，而且带来了高额的回报。

我问卡尔滕博恩先生，是否可以给现在那些渴望成功的美国青年一些忠告，他说："有的，每天早晨给自己鼓鼓劲儿。我们常常大谈锻炼身体的重要性，因为它能让我们从迷迷糊糊中醒来。但是，我们每天早上更需要精神和心理上的锻炼，从而让我们活跃起来。每天给自己打打气吧。"

每天早晨说点儿激励自己的话是一件愚蠢、肤浅、幼稚的事吗？不，刚好相反，这正是健康心理的精髓。"思想塑造你的人生。"这句话在今天还像1800年前马库斯·奥雷柳斯在他的《沉思录》中刚写出来的时候一样有道理："思想塑造你的人生。"

通过每时每刻的提醒，你可以引导自己去想勇敢、快乐的事情，思考如何得到力量和安宁。反思自己应该感激的事情，你就可以让自己的大脑充满积极向上的思想。

正确的想法能让你的工作不那么乏味。你的老板希望你对工作有兴趣，那样他就能赚到更多的钱。不过我们不用考虑老板的目的，你只要想想，对工作产生兴趣会给你自己带来什么。要提醒自己，它可能会让你从生活中得到加倍的快乐，因为你一天中有一半清醒的时间都在工作，如果你在工作中找不到快乐，你大概在别的地方也找不到。要不断提醒自己，只要对工作产生兴趣，就能使你不再忧虑，长远来说，还可能带来升迁和加薪。即便达不到这样的效果，它也能把你的疲劳降到最低程度，让你享受闲暇时光。

编辑荐语:

每天早上说点儿激励自己的话，那并不傻。可以先写下来，再对自己说一遍。现在就开始。

读书笔记:

6 不为失眠所扰

睡眠不好的时候，你会不会很担心？那么国际知名的大律师塞缪尔·昂特迈耶的故事可能会让你感兴趣。他一辈子都没有睡过一个好觉。

昂特迈耶上大学时，他特别担心两件痛苦的事：气喘和失眠。两种病似乎都无法治愈，于是他决定退而求其次，好好利用睡不着觉的时间。他没有在床上辗转反侧，不让焦虑摧垮自己的神经，而是下床学习。结果如何？他在班上每门功课都名列前茅，成了纽约市立大学的“天才”之一。

甚至在当了律师以后，失眠症依旧困扰着他。但昂特迈耶并不担心，他说：“一切顺其自然。”果然，虽然每天睡眠很少，他的健康状况却一直良好，可以和纽约法律界其他任何年轻律师一样努力工作，甚至工作强度更大，因为别人睡觉的时候，他仍在工作！

昂特迈耶在年仅21岁的时候，年薪已经达到7.5万美元，其他年轻律师都到法庭向他取经。1931年，他在处理一桩诉讼案时得到的酬劳可能是有史以来最高的一次：整整100万美元，而且都是现金。

此时的他依然患有失眠症——夜里有一半时间用于阅读，清晨五点就又起床开始口授信件了。当大多数人刚刚开始工作的时候，他一天的工作差不多已经完成了一半。他这个很少能睡个安稳觉的人活到了81岁，如果他一直为失眠烦躁担心的话，他这一辈子可能早就毁了。

我们一生中有1/3的时间在睡梦中度过，可是没人真正知道睡眠究竟是怎么回事。我们只知道睡觉是一种习惯，是一种顺应自然的休息状态。但我们并不清楚，每个人需要几个小时的睡眠，甚至不知道我们是否一定需要睡眠。

难以置信吧？第一次世界大战期间，一个名叫保罗·克恩的匈牙利士兵，脑前叶被子弹打穿。他的伤后来愈合了，但是奇怪的是，他再也无法入眠。不管医生采取什么措施——他们尝试过各种镇静剂、麻醉剂，甚至催眠术——都无法让他入睡，连一点儿困倦的感觉都没有。

医生们说他活不长了，却被他愚弄了一回。他找到了一份工作，又健健康康地生活了许多年。他会躺下闭目养神，却从来不能入睡。他的个案是医学上的一个谜，推翻了我们对睡眠的许多看法。

有些人需要比其他人更多的睡眠时间。著名指挥家托斯卡尼尼每晚只需睡5个小时，而柯立芝总统每天需要的睡眠时间则是他的两倍以上，他每天有11个小时是在睡觉。换言之，托斯卡尼尼一生用在睡觉上的时间将近1/5，而柯立芝总统则有一半。

为失眠而忧虑所造成的伤害远远超过失眠本身。我的一名学员——他叫伊拉·桑德纳，家住新泽西里奇菲尔德帕克的奥弗佩克路173号——就因为长期的失眠而差点儿自杀。伊拉·桑德纳告诉我：

我当时真以为自己会精神失常。我的问题在于，一开始我睡得太熟了，闹钟都叫不醒，结果每天早上上班都迟到。为此我很担心，老板都警告我了，要我必须按时上班。我知道，如果再睡过头，就要丢饭碗了。

我跟朋友们说了这件事，其中一个朋友建议我在睡前就把注意力集中到闹钟上，就这样造成了我的失眠症！闹钟那讨厌的滴答滴答声成了我挥之不去的心结，让我辗转反侧，整夜无法入眠。到了早上，我憔悴不堪，又疲惫又心焦，就这样持续了8个星期的时间。我遭受的折磨简直难以言表。我深信自己会疯掉。有时我在屋内踱来踱去，一走就是几个小时，真想从窗口跳出去，一死了之。

最后，我去找一位早就认识的医生，他说："伊拉，我没有办法帮你，没有人能帮得了你，因为这种情况是你自找的。晚上上床之后，如果你不能入睡，就不要理会它，只要对自己说：'我才不在乎睡得着睡不着，即使我一直醒着躺到天亮也无所谓，反正这样也能得到休息。'"

我照他的话去做了。不到两个星期的时间，我已经可以入睡。不到一个月，我都可以睡八小时了，精神也恢复了正常。

让桑德纳受尽折磨的，并非失眠本身，而是失眠引起的焦虑。

芝加哥大学教授纳撒尼尔·克莱特曼博士对睡眠问题做过大量的研究，是世界著名的睡眠问题专家。他说，他从来没有听说谁因为失眠而丢命的。实际上，倒是有人因失眠而忧虑，从而导致体力下降，受到细菌侵袭，可是这种损害是忧虑造成的，而非失眠。”

他还说，为失眠所扰的人实际睡眠时间通常比自己想象的要多。坚称自己“昨晚眼睛都没闭一下”的人，可能已经睡了几个钟头，只是自己没有觉察而已。例如，19世纪著名的思想家赫伯特·斯宾塞，人到老年依然独身。他住在一间公寓里，整天谈论自己的失眠问题，把每个人都烦透了。他在耳朵里塞上耳塞来隔除外面的噪声，平静自己的心绪，有时甚至靠鸦片来催眠。一天晚上，他和牛津大学的塞斯教授居住在旅馆的同一个房间，第二天早上，斯宾塞说他整夜没合眼，可事实上，一眼没合的是塞斯，因为斯宾塞的鼾声吵得他整夜无法入睡。

优质睡眠的前提条件是有安全感。我们需要感受到一种超越自我的力量，会保护我们直到天明。在西区精神病院工作的托马斯·希斯洛普医生在英国医学会的一次发言中对此作了强调。他说：“从我数年的临床经验来看，最有利于睡眠的就是祷告。我是从单纯医生的角度这么说的。对于那些习惯了祷告的人来说，它是平复心绪、镇定神经的最佳选择。”

"一切交给上帝——放松自己。"

珍妮特·麦克唐纳告诉我，每当她情绪低落忧郁，难以入睡的时候，总是通过朗诵《诗篇》第23章来获得"安全感"：耶和华是我的牧者。我必不至缺乏。他使我躺卧在青草地上，领我在可安歇的水边……

如果你没有宗教信仰，不能轻松解决问题的话，那就学习用生理的方法来放松自己。《消除神经紧张》一书的作者大卫·哈罗德·芬克博士说，最佳的放松方法是和自己的身体交谈。芬克博士认为，语言是一切催眠术的关键。如果你睡不着，那是因为你把自己"说"得失了眠。要想逆转这种态势，就要让自己从失眠状态中解脱出来，你可以对你身上的肌肉说："放松，放松——松弛下来，放轻松。"我们都知道，肌肉紧张时，思想和神经就无法放松。所以，如果我们想要入睡的话，就必须从放松肌肉开始。芬克博士建议我们，在膝盖下放个枕头，以减轻腿部压力，出于同样的原因，我们可以在胳膊下塞个小枕头，然后让下颚、眼睛、手臂和双腿放松，最终，我们就会在不知不觉中入睡了——实践证明这种方法是有效的，我亲自试过，所以很清楚。

如果你睡眠有困难，那就找一本芬克博士的《消除神经紧张》吧，我在前面提过这本书，它是我所知道的唯一一本既有可读性、又对失眠有实效的书。

治疗失眠的最佳良方之一，就是让自己在生理上感到疲倦。比如，可以去种花、游泳、打网球、打高尔夫、滑雪，或者只是做一些消耗体力的普通工作。著名作家西奥多·德莱塞就是这么做的。他当年还是个为生计奔波的年轻作家时，也曾经为失眠所扰。于是，他在纽约中央铁路局找了一份护路工的活儿，在一天的打桩、铲石子之后，就累得不等吃饭就睡着了。

只要我们疲倦到一定程度，哪怕是在走路，大自然也会强迫我们入睡。譬如说，我13岁那年，父亲运送一车肥猪到密苏里州的圣乔去。因为他有两张免费火车票，于是就带我一起去。当时我从来都没去过人口超过四千人的城镇，等到了圣乔这个有着六万人的城市，我异常兴奋。我见到了六层高的大楼，而且最奇妙的是，我还看到了电车。时至今日，只要一闭上眼睛，脑海中依然能浮现电车的身影，听见电车的声音。在经过我这一生中最兴奋的一天之后，我跟着父亲坐火车回密苏里州的雷文伍德。我们深夜两点到达车站，还得不行四英里路才能回到农场的家中。此时故事的高潮出现了：我累得够呛，竟然一边走，一边就睡着了，还做起了梦。我经常会骑在马背上就睡着了。我现在还能活着讲述这些故事，真不可思议！

人在完全筋疲力尽时，即便雷鸣电闪、战火纷飞，他也可以安然入睡。著名神经科医生福斯特·肯尼迪告诉我说，1918年，在英国第五军撤退期间，他亲眼见过筋疲力尽的士兵随时随地都会倒下，立刻睡得就像昏过去一样。他用手翻开他们的眼皮，他们都没有醒来。他说他注意到，这些人的瞳孔都是向上翻起。肯尼迪医生说："从那以后，每当我睡不着的时候，就把我的眼珠向上转到那个位置，不到几秒钟，我就会开始打哈欠，睡意袭来，这是一种自主性放松，我没有办法加以控制。”

从来没有一个人会用不睡觉来自杀，以后也不会有。不论人有多强的意志力，大自然都会逼迫他入睡。大自然让我们可以长时间不吃东西、不喝水，却不能长时间不睡觉。

说到自杀，我想起亨利·林克博士在他所著的《人的再现》中讲到的一个例子。林克博士是美国心理公司的副总裁，曾访谈过很多忧虑颓丧的人们。他的书中有一章叫“如何消除恐惧与忧虑”，其中谈到一个想自杀的病人。林克医生知道，与他争辩只会让情况更糟，于是他对那人说：“如果你非得自杀，至少也要死得英勇一点儿。那就绕着这个街区跑到你累死为止吧。”

那个人果然去试了，还不止一次。每跑一次，都使他觉得好受了一些，起码心理上是这样。到了第三天晚上，林克博士终于达到他最初的目的：这个病人由于身体的疲劳（在肉体上也放松了）而像根木头似的沉沉睡去。后来，他加入了一个体育俱乐部，开始参加各种比赛项目。不久，他感觉极为良好，真想永远活下去才好呢！

「因此，要想不再为失眠而忧虑，要做到：

原则六：

1.如果你睡不着，不妨像塞缪尔·昂特迈耶那样，起来工作或者看书，直到有了困意为止。

2.要记住，从来没有人会因为缺乏失眠而死去，失眠引起的忧虑情绪造成的伤害远大于失眠本身。

3.试着祈祷，或者像珍妮特·麦克唐纳那样，反复吟诵《诗篇》第23章。

4.放松身体，阅读《消除神经紧张》。

5.多运动，让身体上的疲惫引你入睡。」

小结

防止疲劳 永葆活力

规则一：在疲劳之前休息。

规则二：学会在工作中放松情绪。

规则三：如果你是家庭主妇，通过在家里放松自己来保护你的健康和容貌。

规则四：采用下面四种良好的工作习惯：

1.清理办公桌，只留下跟手头问题紧密相关的文件。

2.做事要分清轻重缓急。

3.遇到问题，当机立断，不要犹豫。

4.学会组织、放权和监督。

规则五：在工作投入热情。

规则六：请记住，没有人会因为失眠而死去，造成伤害的是失眠引起的忧虑，而非失眠本身。

编辑荐语:

再为失眠而忧虑，我没有更好的办法了，我会去做祷告或者看书，至少会有收获。或许你可以把自己试过的方式记下来，总会有效的吧~

读书笔记:

第八章　怎样找到理想的工作

1　人生旅途中的重要决定

（这一章是写给那些还没有找到理想工作的年轻人看的，如果你是其中的一员，那么读过这一章，可能会对你以后的人生产生深远的影响。）

假如你还不到18岁，不久你就要做出两个你一生中最重要的决定——两个会彻底改变你的一生的决定：它们会对你今后的幸福、收入和健康产生深远影响，可能会让你成功，也会让你毁灭。

那这两个极其重要的决定是什么呢?

第一个：你将如何谋生？是做一个农民、邮差、药剂师、林场管理员、速记员、马贩子、大学教授呢，还是想自己经营一家汉堡小店?

第二个：你将选择谁作为自己的人生伴侣?

这两个重大的决定往往都是赌博性的。哈里·埃默森·福斯狄克在他《洞察一切的力量》中说："每一个男孩选择职业的时候都是在赌博，他必须拿自己的一生做赌注。”

在选择职业的时候怎样才能降低风险呢？继续往下看，我们会尽自己最大努力让你知道怎么去做。

首先，如果可能，试着找一份自己喜欢的工作。我曾经问百路驰轮胎制造公司的总裁大卫·古德里奇，在他看来，事业成功的第一要素是什么，他回答说：“要享受自己的工作。如果你喜欢自己的工作，虽然工作的时间很长，但却一点儿也不像是在工作，反倒像是在游戏一样。”

爱迪生就是一个典型的例子。这个未受过学校教育却改变了美国工业面貌的报童经常吃睡都在实验室，每天辛苦工作18小时，但是他从来不觉得累。他强调说：“我这一生从来没有工作过一天，那都是游戏。”

难怪他成功了！

我曾经听查尔斯·施瓦布说过基本同样的例子。他说：“一个人如果对自己的事业充满无限热情，那他做任何事情几乎都能成功。”

可是，如果你对自己想干什么都没一丝概念，又何谈对工作的热情呢？埃德娜·克尔夫人是美国家用产品公司负责产业关系的主任助理，她曾经为杜邦公司招聘过数以千计的员工，她说：“我觉得最可悲的事情，就是那么多的年轻人，从来都不知道他们真正想要的是什么。我想，一个人如果只从工作中获得了薪水，而其他一无所获，那他真是最可怜的人了。”克尔夫人说，甚至连一些大学毕业生都来找她，跟她说：“我在达特茅斯拿到了学士学位(或者从康奈尔拿到了硕士学位)，你们公司有什么工作可以让我来做吗？”他们不知道他们自己能干什么，也不知道自己喜欢干什么。难怪有那么多人一开始踌躇满志，心怀美好梦想，到了40岁的时候，却饱受挫折，甚至精神崩溃呢。事实上，选择合适的工作对你的健康都是非常重要的。约翰霍普金斯大学的雷蒙德·波尔博士与几家保险公司合作开展了一项调查，研究使人长寿的因素，他把“合适的工作”排在了靠前的位置。他或许也会说出托马斯·卡莱尔那样的话来：“找到适合自己工作的人是幸福的，他们不用再祈求别的好运了。”

最近，我和光裕石油公司的招聘主管保罗·博恩顿聊了一个晚上。在过去的20年当中，他面试过75，000名求职者，并且写了一本名为《求职六法》的书。我问他：“现在的年轻人在求职时犯下的最大错误是什么？”他回答说：“他们不知道他们想干什么。年轻人在选购一件穿几年就会破损的衣服时所花的精力，竟然比选择一份关系到他整个未来的工作还要多——而他将来的幸福和内心的安宁都将建立在这份工作的基础上。这真是咄咄怪事！”那又怎么样呢？你该怎么办？你可以从职业规划这个新生职业中得到一些有用的东西。它也许能给你提供帮助，当然也可能给你造成伤害，这要取决于你所咨询的职业顾问的能力和性格。这个新生的职业还远不够完善，甚至还没进入试验阶段，但是它的前景很好。你怎么才能利用这门新学问呢?你可以在社区里找到这类机构，接受职业测试并获得就业指导。

这些指导仅仅只是建议，你还是要自己做决定。请记住，那些顾问绝非完美无缺。他们之间都不一定能取得一致，有时也会犯愚蠢的错误。比如说，一个职业规划顾问建议我的一个学员当个作家，仅仅是因为她的词汇量很大。太荒谬了！事情没那么简单。

好的创作是把你的思想和情感传递给读者，为此，你并不需要大量的词汇，却需要思想、阅历、信念、事例和热情。该职业顾问建议这个词汇丰富的女孩当作家，他只做到了一件事，那就是，让一个曾经很快乐的速记员变成一个备受打击的准作家。

我想说的是，职业规划专家，即使是我们自己，也并非完全可靠。你最好多请教几个人，然后运用常识进行解读。

你可能觉得很奇怪，为什么我在一本专门讨论忧虑的书里放进这样的章节？但是，当你明白我们的忧虑、悔恨和挫折大都源自我们讨厌的工作时，你就不觉得奇怪了。对此，你可以问问你的父亲、邻居或你的老板。思想界的巨人约翰·斯图亚特·穆勒认为，工人无法适应工作是“社会最大的损失之一”。是的，那些憎恨自己日常工作的人也是这个世界上最不快乐的人。

你知道部队里那些“精神崩溃”的人吗？就是那些没有找到合适位置的人！我不是在谈论战斗导致的伤亡，而是在说那些在正常服役期间精神崩溃的人。威廉·曼宁格博士是当代最著名的精神病专家之一，他在战争期间负责陆军的精神病治疗部门。他说：“我们深刻了解到，人员的挑选和分配极其重要，要因人而异分配合适的岗位……让他们确信自己手头的工作意义重大，这一点相当重要。如果这个人对工作没有兴趣，那么他就会觉得自己被放错了地方，于是就会觉得自己不被赏识，觉得自己的才能被埋没了，我们总是发现，这样的人如果不是精神病人，也会具有精神病人的潜质。”

同样的道理，一个人在工业社会中也会这样精神崩溃。如果他厌恶自己的工作，那么他就可能因此而失常。

就拿菲尔·约翰逊的例子来说吧。菲尔·约翰逊的父亲拥有一家洗衣店，因此他给了自己的儿子一份工作，希望他能够进入这个行业。但是菲尔·约翰逊很讨厌洗衣的工作，因此，他吊儿郎当，提不起精神，只干那些必须要做的活儿，其他的一点儿也不管。有时候他直接玩起了“失踪”。他父亲很伤心，认为自己的儿子胸无大志，让他在员工面前颜面丢尽。

有一天，菲尔·约翰逊告诉他的父亲，他想在一家机械厂做技工。什么？要去做工人？这个老人大为吃惊。但是菲尔已有了自己的主意。他穿着油腻的工作服工作，所做的工作要比洗衣店里辛苦多了，工作时间也更长，但是他一边工作，一边愉快地吹起了口哨。他选修了工程学，学习发动机原理，整天与机器打交道。1944年，在他去世的时候，他已经是波音飞机公司的总裁，并且研发出“空中堡垒”轰炸机，帮助部队打赢了战争。如果当年他留在洗衣店里，那么他父亲死后，他和他的洗衣店又将如何呢？我想，他很可能会毁掉洗衣店的生意——让它支离破碎，分崩离析。

即使可能有引起家庭纠纷的风险，我还是要对年轻人说：不要因为家人的愿望而强迫自己进入某个行业！除非你喜欢，否则不要轻易选择某个职业。不过，也要仔细考虑父母的意见。他们的年龄可能是你的两倍，已经获得了唯有经过众多经验和多年历练才能获得的智慧。但是，归根结底，你是做出最终决定的人，工作中的欢乐和痛苦都得由你自己去体会。

已经说了这么多了，现在，我要给你一些选择工作的建议（有些是警告）：

1. 阅读并研究以下5条关于选择职业规划顾问的建议。这些建议都出自权威人士之口，由哥伦比亚大学的哈里·德克斯特·基特森教授提出，他是美国职业规划方面的顶级专家。

a. 如果有人告诉你，他有一个“神奇的体系”可以发现你的“职业天赋”，千万不要去找他。这些人和颅相学家、占星家、性格分析家及笔迹分析家一样，他们的“体系”并不管用。

b. 如果有人告诉你，他可以给你进行测试，帮你确定应该选择哪种职业，千万不要去找他。这种人违反了职业顾问必须遵守的原则，即必须综合考虑咨询者的身体状况、社会背景以及经济条件，并且按照咨询者所面临的工作机会给予他帮助。

c. 找在就业方面有丰富信息的职业顾问咨询，并在咨询过程中善加利用。

d. 全面的职业规划服务通常要和你进行不止一次的面谈。

e. 不要通过邮件接受职业规划服务。

2. 不要往那些已经人满为患的行业和职业里扎堆！谋生的方法有千千万万，但是很多年轻人往往不知道这些，除非他们雇佣一位占卜师，透过水晶球来预知未来。结果怎么样？在一所学校内，三分之二的男生把他们的选择局限在5种职业上（20,000种职业的5种），而五分之四的女孩也是如此。难怪某些职业和行业人满为患，难怪白领们整天局促不安、忧心忡忡，甚至患上精神焦虑症！要是你想进入诸如法律、新闻、广播、电影界以及其他一些人满为患的“魅力行业”，那可得小心了。

3. 不要选择维持生计的机会只有十分之一的行业。以卖人寿保险为例，每年都有无数人——往往都是失业者——并没有费心事先了解从事这一行对他们来说意味着什么，就贸然开始推销人寿保险！根据费城房地产信托公司的富兰克林·贝特格的介绍，以下是这方面的大致实情。在过去的20年中，贝特格先生是美国最成功的保险推销员之一。他说，90%推销寿险的新人在一年之内就会因沮丧而放弃这份工作。至于坚持下来的，十人中有一人会卖出这些人总业绩的90%，其余的九人只能占到销售额的10%。换句话说，如果你刚开始推销寿险，在一年内失败并退出的概率是90%，而从中获得一万元年薪的概率则只有1%。即使你坚持下来了，勉强糊口的概率也只有十分之一。

4. 如果有必要的话，在决定投身某个职业之前，可以先花几个星期甚至是几个月的时间来了解它。怎样做呢？你可以跟那些已经在此行业中干了10年、20年甚至40年的人交流。

这种交流将会对你的未来产生深远的影响。我从自己的经验中了解了这一点。20岁刚出头的时候，我从两位前辈那里得到了一些就业方面的建议。现在回顾起来，我发现与那两个前辈的交流是我职业生涯的转折点。很难想象，如果当初没有这两次交流，我的人生将是什么样子。

怎样与那些职业顾问面谈呢？为了说明问题，现在假设你正在考虑学习建筑设计。在做决定之前，你应该花几周时间跟你所在城市以及周边城市的设计师当面交流。你可以根据分类电话簿获取他们的名字和地址，不管有没有提前约定，都可以给他们的办公室打电话。如果你希望和他们约定见面，可以给他们写信，内容大致如下：

请问您可以帮我一个小忙吗？我希望您能给我一些建议。我今年18岁，正在考虑学习设计。在做出决定之前，我想得到您的指教。

如果您太忙而不能在办公室见我的话，我希望您能挤出半个小时的时间，让我去您家见您能一面，那样的话我将感激不尽。

下面是我想要问您的问题：

a. 如果再给您一次机会，您还会选择当一名设计师吗？

b. 在您对我有初步了解后，我想知道您是否觉得我具备成为一名设计师的潜质。

c. 设计师这个职业是不是已经出现人满为患了？

d. 如果我学了4年的设计，找工作会不会很难？我首先应该做什么样的工作？

e. 如果我的能力一般，那么在工作的前5年我能挣到多少钱？

f. 作为一名设计师，优势和劣势分别是什么？

g. 如果我是您的儿子，您想让我成为一名设计师吗？

如果你比较胆小，不敢单独面对“大腕”，下面两点建议可以帮你。

首先，可以找一个跟你同龄的小伙子一起去。两个人在一起，可以增加彼此的信心。如果你找不到同龄人随行，就请你父亲和你一起去吧。

第二，要记住，你咨询他的意见其实就是对他的恭维，你的请求可能会让他觉得受到了奉承。大人们乐于给年轻人一些建议，这个设计师可能会喜欢这样的谈话。

如果你不愿意写信预约，那么就直接去他的办公室，告诉他，如果他能够给你提供一些建议，你将万分感激。

假如你给5个设计师打了电话，他们都说太忙而没有时间见你（这种情况不大可能），那就给另外5个打电话。总有些人会见你并且给你宝贵的建议，这些建议可以为你节约多年的时间，免受心碎之痛。

请记住，你是在做一个至关重要、影响深远的决定，这个决定是人生两大抉择之一。因此在行动之前，你一定要花时间去弄清实际情况，如果你不这样做，那么你的后半生很可能在悔恨中度过。

如果承受得起，请给那些花费半个小时为你提供建议的人支付报酬。

5. 摒弃只有一种职业适合你的错误观念。每个正常人都可以在多个领域中获得成功，同样，每个人也可能在很多领域里失败。就拿我自己来说，如果我学习并做好准备从事以下职业，我相信自己也有机会取得小小的成就，也能在工作中得到乐趣。我说的职业包括：种地、果树栽培、农业科技、医药、销售、广告、报纸编辑以及教育和林业。另一方面，如果我从事簿记、会计、工程学、经营旅馆或工厂、建筑、和机械有关的贸易，以及其他数百种行当，我肯定会很不开心，而且注定以失败告终。

编辑荐语:

摒弃只有一种职业适合你的错误观念。每个正常人都可以在多个领域中获得成功，同样，每个人也可能在很多领域里失败。

读书笔记:

第九章　减少经济上的困扰

1 正确理财 消除忧虑

如果我知道如何解决每个人的经济问题，就不会写这本书了，我现在应该身在白宫，坐在总统的旁边。但是有一件事情是我可以做的：我可以引用一些这方面专家的说法，提出一些非常实用的建议，并且告诉大家，从哪里可以找到能给你进一步指导的书籍和小册子。

根据《家庭妇女期刊》所做的调查，我们70%的忧虑都跟金钱有关。盖洛普民意测验的创始人乔治·盖洛普说，他的研究表明，大多数人都认为只要收入增加10%，他们就不会再有经济上的困扰了。在很多情况下这种说法是对的，但是不相符的情况也多得惊人。例如，在写这一章的时候，我采访了一位预算方面的专家——埃尔西·斯特普尔顿夫人，她在纽约沃纳梅克百货和金贝尔百货为其顾客和员工担任了多年的金融顾问，还曾经做过几年的私人顾问，为那些因为金钱问题而焦急得发狂的人提供帮助。她帮助过各种不同收入阶层的人，从年收入不足1000美元的搬运工人，到收入超过100，000美元的企业主管。她告诉我说：“大多数人经济上的困扰并不能靠多赚一点儿钱就能解决。事实上，我经常看到，收入的提高只是增加了消费开支，带来更多的麻烦，除此以外什么也改变不了。让大多数人忧虑的并非他们金钱不足，而是他们不知道怎么去花手里的钱！”……【你对最后这句很不以为然，是不是？那好，在你再次表示出不屑之前，请记住，斯特普尔顿夫人并不是说所有人都是如此。她说的是“大多数人”，并不是指你，而是在说你的姐妹兄弟、亲戚朋友，他们都是你认识的。】

许多读者可能会接着说：“我希望卡耐基这家伙能试试看：拿我每周的工资来支付我的账单，维持我的开支。我敢打赌，如果他试过了，就不会再这么说了。”其实，我也有过经济上的危机：我曾在密苏里州的玉米地和草料仓里每天辛勤劳作10个小时，到后来，我最大的愿望就是不要再经受精疲力竭之余的疼痛。我这样辛苦地工作，所获得的报酬不是每小时一美元，也不是50美分，甚至还不到10美分。我每天工作10个小时，报酬只有每小时5美分。

我知道在一个没有浴室、没有自来水的房子里一住就是20年的滋味，我知道在一个零下15度的卧室里睡觉是什么感觉，我也体会过为了节省5分钱的车钱而步行几英里的辛苦，我经历过鞋底穿了洞、裤子打补丁的窘迫，我也遇到过在餐厅里点最便宜的菜、因为没钱清裁缝为我熨裤子而把裤子压在床垫下睡觉的尴尬。

然而，就是在那样的日子里，我仍能设法从我的收入里省出几分几毛，因为不那么做我会心有不安。由于有了这段经历，我终于明白，如果我们期望避免债务和经济困扰，就必须像商业公司那样去做：我们得制定一个开销计划，并且根据这个计划花钱。但是我们大多数人并没有这样做。例如，本书出版公司的总经理、我的好朋友利昂·希姆金向我指出，很多人在处理跟金钱相关的事务时，会表现出令人意外的盲目。他跟我说，他认识一个会计，在给公司做账时，对数字异常精明，但在管理他个人的财务时……打个比方吧，如果这个人在周五中午拿到了薪水，他就会沿街逛下去，一旦在橱窗里看到一件自己喜欢的大衣，就会不假思索地把它买下来——根本就不考虑信封里的钱早晚是要用来付房租、水电费以及各种固定开销的。他不考虑这些——口袋里装着现钱呢，这才是实实在在的。然而，这个人知道，如果他所工作的这家公司在经营过程中也这样大手大脚，最终肯定会破产。

有件事情你要考虑到：就你的钱财而言，你其实是在经营自己的产业！你怎样用这些钱，确确实实是“你自己的事情”。

那么我们理财的原则是什么呢？我们要怎样开展预算和计划呢？

以下列出了11条原则。

第一条：把所有的花销都记在纸上。

50年前，阿诺德·本涅特初到伦敦，立志当一名小说家，此时的他生活拮据，压力很大。于是，他把自己花的每个便士都要记录下来。他难道不知道钱都花到哪里去了？不，他心中是有数的。他只是喜欢这样做，即便后来有了钱，成了世界名人，并且拥有了私人游艇，他仍然继续做着这样的记录。

老约翰·戴·洛克菲勒也有记账的习惯。他每天晚上祷告前，都要弄清每个便士的去向，然后才上床睡觉。

你我也应该找个笔记本，开始记账。一辈子都要记录下去吗？不，用不着。预算专家建议我们，至少要在第一个月里精确记录我们支出的每一分钱，如果可能的话，就记录3个月的情况。这样我们就能准确了解钱的去向，从而依此做个预算了。

噢，你知道你的钱都花在了什么地方？也许吧！如果确实如此，你就是千里挑一的人了！

斯特普尔顿女士告诉我，有一种司空见惯的现象，人们往往花费几个小时的时间，把自己开支情况和数据告诉她，好让她记在纸上，然后，当看到纸上的记录时，他们就开始惊呼："我的钱就是这样花掉的吗？"他们对此简直不敢相信。你也是这样的吗？也许吧。

第二条：量体裁衣，制定合适的预算。

斯特普尔顿夫人告诉我，两家人紧挨着住在一模一样的房子里，同样住在郊区，家中的孩子一样多，收入也相同，然而他们的预算却大相径庭。为什么呢？因为人与人是不一样的。她说，预算要因人而异，量身定做。

制定预算并不是要把所有生活中的乐趣全部抹杀掉，这种做法是为了给我们提供物质上的安全感。在很多情况下，它就意味着精神上的安全感，意味着我们不用忧心忡忡。斯特普尔顿女士说："按照预算生活的人会过得更幸福。"

但是怎样着手呢？首先，就如我说的，你必须列出所有的开支。然后设法获得一些建议。在很多人口达到两万或以上的城镇，都有家庭福利协会，他们会很乐意就财务问题给你一些免费的建议，并且帮你依据收入情况制定一个预算。

第三条：学会聪明消费。

这一条我想说的是：要学会让自己的钱价值最大化。所有的大公司都有专业的采购员和采购经纪人，他们其他什么也不用做，只是为公司做最划算的采购。你作为自己个人财产的管家和经理，何不也这样做呢？

第四条：不要让烦恼与收入俱增。

斯特普尔顿告诉我，她最害怕的就是被请去给年收入5000美元的家庭做预算。我问她这是为什么，她说："因为对于大多数美国家庭来说，年收入5000美元似乎是他们的目标。多年来，他们可能一直克勤克俭地生活着，但是当他们的收入提高到5000美元时，他们认为自己终于熬到头了，于是在花销方面开始伸出很多枝节：得在郊区买一套房子呀，"那样并不比租房贵多少嘛"，还要再买一辆车，添置很多家具，买很多新衣服——结果，他们开始出现亏空。实际上，他们反倒没有以前幸福，因为随着收入的增加，他们的胃口也越来越大了。

这是很自然的事情。我们都想从生活中获得更多的东西。但从长远来看，怎样才会让我们更幸福呢？是克制自己，严格按照预算来生活，还是让催账单塞满你的邮箱并且让债主猛砸你家大门？

第五条：在危急的时候设法借贷。

如果遇到紧急情况，必须要借钱，那么寿险保单、国防债券和储蓄券就等于是你口袋里的现金。不过，如果你想利用你的保险单来借款，首先要确保它具有储蓄的性质，因为现在是要拿它当现金使用。有一种“定期保险”，只在一定的期限内给予你保障，不会提供后续服务。这种保险对于借款显然是没有用处的。因此，要记住一个原则：多咨询！在保险单上签字之前，要搞清它是否具有现金价值，以防你急需用钱。

现在，假设你没有保险可以让你借到钱，也没有任何债券，但你拥有一处房产、一辆汽车或者其他种类的抵押物，你该去哪里借钱呢？一定要去银行！我们国家所有的银行都执行严格的条款，他们要在社会上保持良好的声誉，他们的利率是根据法律明确规定的，而且他们会公平地与你开展业务。往往在你陷入经济困境时，银行会贴心服务，跟你讨论你的问题所在，制定方案，帮你摆脱烦恼和债务。我再重复一遍，如果你有抵押物，那就去银行借钱。

然而，假如你恰好就是那千分之一没有抵押物的人，没有任何财产，除了工资外没有任何东西可以提供担保，又该怎么办呢？那样的话，就像珍惜你的生命一样，谨记下面这个警告！千万千万不要一看到报纸上广告做得天花乱坠的“借贷公司”，就去找它借钱。看了他们的广告，你会觉得那些人就像圣诞老人一样慷慨，简直让你难以置信！当然，确实有一些公司是恪守道德，讲究诚信，严守行业规范的。他们为那些由于疾病或紧急情况而急着用钱的人们提供服务。他们的利率比银行要高一些，但是他们必须这样做，因为他们所承担的风险比银行大，回收成本比银行高。但是，在跟任何借贷公司打交道前，先去趟银行，咨询一下银行的官员，让他帮你推荐一家他们觉得比较公平的借贷公司。否则，否则——嗨，我实在不想让你做噩梦，但下面的事情确实可能会发生：

明尼阿波利斯的一家报纸曾经做过一个关于借贷公司的调查，这些借贷公司应该是按照拉塞尔·塞奇基金会的规章来运营的。我认识一个该项调查中的工作人员，他叫道格拉斯·勒顿，现在是《生活》杂志的编辑。道格拉斯·勒顿告诉我，他看到的那些穷困的底层债务人所受到的迫害，会让你毛骨悚然。最初只借了50美元，经过利滚利之后，在还清之前可能就已经飙升到三四百美元。他的工资被扣押了，而且本人往往还会被他的公司解雇。有许许多多这样的例子，当借款人无法偿还时，这些放高利贷的人就会派评估师去他家里，为他的家具“估价”，然后把家里一扫而空！我们发现，那些人只是从这些借贷公司借了一点儿钱，但是还了四五年仍然欠着债！这只是特例吗？用道格拉斯·勒顿的话说：“在我们的行动过程中，我们上报给法庭的此类案件多如牛毛，让法官们都招架不住，报社不得不自己建立了一个仲裁局，专门处理这成百上千的案件。”

这种事情怎么可能发生的呢？答案当然就在于各种各样的隐

性收费以及额外的“合法费用”。跟这样的借贷公司打交道，要记住一个原则：如果你能确保迅速还清借款，那么你的利息就会低一些，或者相对低一些，这样你就能顺利脱身。但是如果你不得不续借，并且一直续借下去，那么你的利息将急剧上升，其数字之大连爱因斯坦都会晕头转向。道格拉斯·勒顿告诉我，在某些情况下，那些额外的费用会让最初的借款膨胀到原来的20倍，或者相当于银行所收费用的500倍。

第六条：为疾病、火灾以及意外开销投保。

对于各种事故、不幸以及可以想到的紧急事件，都有额度相对较小的保险可以投保。我并不是建议你凡事都要投保，像在浴室里滑倒啦，得了风疹啦，等等。但是我确实要建议你购买一些主要的意外险，因为此类意外会让你破财，从而也会让你忧心。而这些险种价格都比较便宜。

举个例子，我知道有个妇女去年在医院里待了十天，等到出院的时候，她只收到了一张8美元的账单！原因何在？因为她购买了医疗保险。

第七条：不要把你的寿险收益以现金的形式留给你的遗孀。

如果你正在办理人寿保险，以便自己身亡时能给家人提供一些帮助，那么我请求你千万不要选择一次性给付保险赔偿金。

“一个突然有了钱的新寡妇”会出现什么情况呢？我会让玛丽昂·埃伯利夫人来回答这个问题。她是位于纽约市第42东大街60号的人寿保险协会妇女分会的会长。她在全美各地的女性俱乐部做演讲，讲述如何巧妙地利用寿险收益为遗孀们购得生活的保障，而不是直接以现金形式把收益支付给她们。她告诉我，有个寡妇得到了20,000美元的现金，就把钱借给了她的儿子做汽车配件的生意。生意失败了，她现在一贫如洗。还有一个寡妇，在一个圆滑的房地产销售员的鼓动之下，把她大部分寿险收益投入到“一年之内肯定价值翻番”的地皮上。三年后，她卖出地皮的价格仅仅是购进价的十分之一。她还说到了另外一个寡妇，她获得了15,000美元的人寿保险金，可是不到一年的时间，她就不得不求助于儿童福利协会来抚养她的几个孩子了。这样的悲剧简直不胜枚举。

《纽约邮报》的金融编辑西尔维亚·波特在《家庭妇女杂志》上撰文指出：“25,000美元留在女性手上的话，平均不超过7年就会全部花光。”

几年前，《星期六晚邮报》的一篇社论写道：“众所周知，由于没有经过商业培训，也没有银行家予以指导，一般的寡妇很容易被第一个接近她的狡猾的推销员蒙骗，把丈夫留给她们的寿险赔偿金拿去购买一些不靠谱的股票。任何一位律师或银行家都会举出一大堆这样的例子：节俭的男人多年省吃俭用攒下的全部积蓄，就因为他的寡妻或孤儿轻信这样一群以欺骗妇女为生的恶棍而一扫而光了。”

如果你想要在死后保护你的妻儿，何不学习约翰·皮·摩根的做法呢？作为有史以来最睿智的金融家之一，他在遗嘱中把自己的钱留给了16个最主要的遗产继承人，其中12个是女性。他留给她们的是现金吗？不，他留给她们的是信托基金，以确保她们每月都有收入以维持生计。

第八条：教育子女养成对金钱负责的态度。

我曾经在《人生》杂志上看到一种让我终生难忘的理念。文章作者斯特拉·韦斯顿·图特尔描写了她教导女儿养成对金钱负责任的态度的过程。她从银行拿了一个多余的支票簿，把它送给了九岁的女儿。当她每周给女儿零花钱时，小姑娘把钱“储存”在妈妈这里，妈妈就是孩子的银行。然后，在这一周里，当她想要一分或两分钱的时候，她就会为这笔钱填写一张“支票”，然后把她的收支情况记录下来。这个小姑娘不仅从中得到了乐趣，而且学到了理财中真正的责任感。

这个方法非常好，如果你有一个学龄的儿子或女儿，又想让他学习怎样理财，我建议你考虑这个方法。

第九条：必要的时候，在厨房里赚点儿外快。

如果在对开支精打细算之后，你依然发现自己入不敷出的话，你能做的有两件事：要么咒骂、烦躁、发愁、抱怨，要么想办法挣点儿外快。怎么做才能挣到外快呢？要想挣钱，你需要做的就是填补目前人们的需求空白。住在纽约杰克逊高地第83大街37-09号的内莉·斯皮尔夫人就是这么做的。1932年，她丈夫去世了，两个孩子也已经成家，就她一个人住在一个三居室的公寓里。有一天，她在一个杂货店的冷饮柜前买冰激凌的时候，发现这个小店还卖一种烤制的水果派，这些水果派看上去灰头土脸的，让人倒胃口。于是她问老板想不想买一些她自己在家做的水果派，结果老板定制了两个。“虽然我厨艺不错，”斯皮尔夫人说，“但是以前住在佐治亚州的时候，我家里都是请佣人的，我这一生做的水果派加起来都不超过12个。在接了那两个水果派的订单以后，我向邻居家的主妇请教了制作苹果派的方法。光顾冷饮柜的顾客对我做的那两个水果派——一个苹果味，一个柠檬味——都很喜爱。于是，杂货店第二天又定了5个。渐渐地，其他冷饮摊和小餐馆也来下订单。不到两年的时间，我每年要做5000个水果派了——这些都是我一个人在自己家的小厨房里完成的，除去制作水果派的原料，我一分钱也没花，一年净赚了1000美元。”

斯皮尔夫人自制糕点的需求量越来越大，她不得不从自己家的厨房搬进了一个店铺，还雇了两个女孩帮她烤制水果派、蛋糕、面包和卷饼。战争期间，人们一等就是一个小时，排队来买她自制的食品。

“我从来没有这么开心过，”斯皮尔夫人说，“我每天在店里工作12到14个小时，但是我却不觉得累，因为对于我来说，这不是工作。它是生命中的一次奇遇。我尽力让人们更快乐了一点儿，忙得忘记了孤独和忧虑。我的工作填补了生活中因为失去母亲、丈夫和家庭而留下的空白。”

我问斯皮尔夫人，在人口上万的城镇里，其他厨艺不错的主妇是否也可以在闲暇时用类似的方法来赚钱，她回答说：“是的，她们当然可以！”

奥拉·斯奈德夫人为你讲述的是同样的故事。她住在伊利诺伊州梅伍德这个三万人的小镇上。可她就在厨房里用炉子和价值

10美分的原料开始了自己的事业。她丈夫病了，她得挣钱养家。但是怎么挣钱呢？没有经验，没有技术，也没有资金，她只是一个家庭主妇而已。于是她从一个鸡蛋里把蛋清取出来，加上糖放在炉子后面烘烤，制成了糖果，然后她带着一平底锅的糖果站在学校附近，一分钱一块，卖给放学回家的孩子们。她对孩子们说："明天多带点儿钱来，我每天都会在这里卖自制的糖果。"第一周，她不仅赚了钱，而且给生活注入了新的激情。她让自己和孩子们都很开心，现在没有时间去发愁了。

这个来自伊利诺伊州梅伍德的小巧主妇雄心勃勃，她决定另辟蹊径，找个代理人在喧嚣的芝加哥销售她自制的糖果。在大街上，她略带羞怯地走向一个卖花生的意大利人，他耸了耸肩，说他的顾客只想买花生，而不是糖果。她给了这个意大利人一个样品，他很喜欢，于是开始卖她的糖果，第一天就为斯奈德夫人赚了不少钱。4年后，她在芝加哥开了第一家店，它只有八英尺宽。她晚上制作糖果，白天进行销售。这个曾经羞怯的家庭主妇，从自己家厨房的炉灶开始创办自己的糖果工厂，如今已经拥有17家店面，其中有15家在芝加哥繁华的鲁普地区。

这里我想强调的是，纽约州杰克逊高地的内莉·斯皮尔夫人和伊利诺伊州梅伍德的奥拉·斯奈德夫人没有为经济困境忧心忡忡，而是采取了积极的行动。她们从小打小闹开始，利用自家厨房的炉子赚钱——不需要管理费，不需要房租，也不需要广告和工资支出。在这种情况下，一个妇女是不可能被经济困境击垮的。

环顾四周，你会发现有很多需求缺口需要填补。比如说，如果你厨艺高超，你可以在自己的厨房里为一些年轻女孩开办烹饪班赚钱，摁响人家的门铃，自然就有了生源。

有关利用业余时间赚钱的书有很多，你在公共图书馆里能借到。不管男女都有很多机会。但要提醒你一句：除非你有销售天赋，否则不要上门推销东西，因为大多数人都讨厌这样的方式，你注定要失败。

第十条：永远不要赌博。

我总是很惊讶，为什么会有人企图通过赌马或玩老虎机来发财。我认识一个人，他有好几台“吃角子老虎机”，并以此为生。对于那些妄图击败这些早已做过手脚的机器的天真傻瓜，他除了鄙视还是鄙视。

我还认识一个美国最著名的马票商人，他曾是我成人教育班的一名学员。他告诉我，就他对赛马的了解而言，他是不可能通过赌马赚到钱的。然而，事实上愚蠢的人们每年要在比赛中下60亿美元的赌注，相当于1910年我国所有国债总额的6倍。这个马票商人还对我说，如果他有一个讨厌的敌人，那么毁灭他的最好办法就是让他去赌马。当我问他，如果让一个人根据所谓的内线情报去赌马的话，将会发生什么情况？他说：“那样的话一个造币厂都不够你输。”

如果我们打定主意要赌博，至少也要聪明点儿。让我们来看看赢钱的概率是多少。该怎么做呢？我们可以读读一本名为《如何计算胜率》的书，其作者是奥斯瓦尔德·雅各比，他既是桥牌和扑克方面的权威，又是一流的数学家，还是统计学专家和保险精算师。这本书用215页的篇幅告诉你，当你涉足赌马、轮盘、骰子、老虎机、暗扑克、梭哈、定约桥牌、竞叫皮纳克尔、股市等活动时，赚钱的概率有多大。这本书还用科学的、数学上的知识告诉你其他多种行为的获胜概率。它不是存心教你怎样赌博赚钱。作者没有其他的意图，他只是想让你知道，在通常你玩的那些赌博游戏中，赔钱的概率是多少。当你看到这个概率的时候，你就会同情那些可怜的笨蛋了，他们把辛辛苦苦挣来的钱都花在了赛马、扑克、骰子或老虎机上。如果你忍不住要去掷骰子、玩扑克或赌赛马，那么这本书为你挽回的损失将是其定价的一百倍，甚至一千倍。

第十一条：如果我们不可能改善自己的经济状况，那就善待自己，不再报怨我们所不能改变的。

如果我们不可能改善自己的经济状况，也许我们可以调整自己的心态。我们要记住，别人也有经济上的困扰。我们忧虑是因为我们的生活可能比不上张三，而张三也可能因为比不上李四而心烦，李四又因为不如王五而忧心。

美国历史上一些最著名的人物也曾有过经济上的麻烦。林肯和华盛顿为了赴任总统之职，连路费都是借的。

即便我们的需求得不得完全的满足，也不要让忧虑和怨愤影响我们的生活和心情。让我们善待自己，达观面对。古罗马最伟大的哲学家之一塞内加说过：“如果你对自己所拥有的不满足，那么即使你拥有了整个世界，你还是会觉得痛苦。”

让我们记住：即使我们能用篱笆把整个美国都圈在自己名

下，每日所需也不过三餐一宿而已。

为了减少经济上的困扰，让我们牢记下面的十一条吧：

第一条：把所有的花销都记在纸上。

第二条：量体裁衣，制定合适的预算。

第三条：学会聪明消费。

第四条：不要让烦恼与收入俱增。

第五条：在危急的时候设法借贷。

第六条：为疾病、火灾以及意外开销投保。

第七条：不要把你的寿险收益以现金的形式留给你的遗孀。

第八条：教育子女养成对金钱负责的态度。

第九条：必要的时候，在厨房里赚点儿外快。

第十条：永远不要赌博。

第十一条：如果我们不可能改善自己的经济状况，那就善待自己，不再报怨我们所不能改变的。

编辑荐语:

如果你对自己所拥有的不满足，那么即使你拥有了整个世界，你还是会觉得痛苦。

——塞内加

读书笔记:

译后记

名著的重译曾经是翻译界的热门话题。目前看来，无论是从理论上，还是在实践中，其必要性和重要性都已经得到了证明。作为畅销世界的励志经典，卡耐基的《人性的优点》一直是重译的对象，当前市场上已经有了不下20个中文版本。而在眼前的这个版本中，我们力求展现自己的特色，在众多译本之外，为读者提供另一种阅读选择。

忠实于原文一直是翻译的最基本要求，也是本次重译特别追求的目标。为了提高译文的准确性，我们在翻译某些专有名词时查阅了大量资料，并对照之前版本的译法做了修订。例如，书中多次出现的Admiral Byrd一般被译作“海军上将伯德”，但此人最高军衔实为海军少将（rear admiral），之所以被译者提升了两级，是因为admiral一词通常既可以指海军上将，也可以指从海军少将到五星上将中的任一军衔。在翻译这个词时，我们必须通过其他背景资料来核实其真实身份，而不能任意给人“定级”，因为稍一马虎，就可能出现张冠李戴的错误。

专名的统一也是译文准确性的保证。针对以往译本中某些人名、地名译法的混乱现象，我们在本次重译时按照权威译名表或约定俗成的译法进行了修订，如Thomas Carlyle（托马斯·卡莱尔）、Horace（贺拉斯）、Willis Carrier（威利斯·开利）、Andre Maurois（安德烈·莫洛亚）等等。

同样，对于某些词句的理解我们也给予了特别的关注，重点纠正了以往译本中的某些误译。比如在第一章中，有一个短语wheat belt，不少译本都将它译成"麦田"或类似的说法，这是不够严谨的。熟悉美国地理的人都知道，在美国有不少以出产某种物品而闻名的"带"（belt），如"玉米带"（corn belt）、"棉花带"（cotton belt），等等，wheat belt正是这样的一个地带，对应的是美国中西部偏北的区域。如果把wheat belt简单地译成"麦田"，不足以准确表达原文的地域概念。而在"When I was a country lad in Missouri, I was half scared to death by listening to Billy Sunday describe the hell-fires of the next world."这个句子中，Sunday一词被部分译者误译为"星期天"。事实上，Billy Sunday是一个人的名字，他曾经是一个著名的棒球运动员，后来成为20世纪初美国最具影响力的传道士。因此，上面这个句子就可以译成：我小时候生活在密苏里州的乡下，当听到布道家比利·森戴描述来世地狱烈火的情景时，几乎被吓得半死。

对一些短语的错误理解也会导致误译。比如下面这个句子，In the last analysis, no one can do that, except yourself. 对于in the last analysis，有译者将它译成“正如我在上一章所说的”，也有译者把它译成“从我刚才分析的结果来看”，这些理解都有望文生义之嫌，却没注意到它其实是一个固定短语，意为“归根结底、总而言之”。此类误译并非个案，下面的例子就属于同一种类型。原文第六章有这样一句话：He blamed our New York office for all the trouble—poor salesmanship. 不少译者都将poor salesmanship译成“可怜的销售员”，殊不知，salesmanship指的是销售技巧，而非具体的销售人员，因此，全句可以译成：他把全部责任推到纽约公司身上，说他们营销不力。

当然，追求译文的准确只是我们心向往之的目标，由于水平有限，当前的译文中肯定还存在着许多不尽人意的地方，我们希望有更多的读者与译者参与进来，共同为这部经典的完善做出贡献。

编辑荐语:

总之，生活还是要精打细算的，所谓“越有钱越抠门”其实是会赚更要花嘛。

预祝各位读完这本改名命运之书后，在赚钱和花钱上的问题都有一个本质上的飞跃。

读书笔记: